Ilma Rakusa

IMPRESSUM: LANGSAMES LICHT

Gedichte

Mit einem Nachwort von Aleš Šteger

Literaturverlag Droschl

MELANCHOLIEN

Abend aber lau
das Alleinsein lädt sich auf
macht keine Szene

In Gedanken: Corso

Anchorage. Will ich dahin? Ins Eis? Doch
eher nein. Wenn Zypressen locken, dunkle,
aus den Büchern des Südens. Zypressen,
Zitronen, Zeitungsverkäufer mit traurigem
Blick und ermatteter Zunge. Zigeunerkids.
Der Rahmen ist keiner: ein Corso, ein Park,
verschattet. Aber Gerüche gibt's wie in den
Küchen der Kindheit: nach geröstetem Mais
und gerösteten Mandeln. Der Wind trägt
sie landeinwärts. So geht sich's langsam.
Auf ab. Mit wehendem Mantel.

Warten auf Schwalben

Der Flieder verblüht, doch die braunen Blüten
erinnern. Im Grün. So schnell der Wechsel,
eben noch Duft, dann keiner. Jetzt blüht es
nebenan, schaumweiß, ein kleiner Strauch
und will es beweisen. Die Vögel sporadisch,
im Dickicht versteckt. Schwalben? Albern
keine herum. Und warum? Im galizischen
Lemberg schrien sie schon, über spitzen
Giebeln. Hier nicht. Sind wo hängen
geblieben. Ich möchte wissen, an welchen
Drähten. Späher, weißt du's?

Sommer

Sommer ist:
wenn das Zimmer bei halbgeschlossenen
Jalousien vor sich hin dämmert,
wenn eine einsame Fliege brummend
das Freie sucht und nicht findet,
wenn draußen Zikaden zirpen
bei brütender Hitze, während über
die Fliesen Lichthasen huschen,
zitternd weiße Geschöpfe,
und Vasen, Töpfe, Krüge als
Stillleben gänzlich ruhen.

September

Tumber Sonntag. Die Leitung schweigt.
Und Schneeluft in den Gärten. Kalt.
Der neunte Monat altert vor sich hin,
fatal und ohne Farben. Es ist schon
spät. Zu spät vielleicht. Und klamm.
Am Ebereschenbaum die Beeren
wehren keine Vögel ab. Der Stamm
der Birke keine Spechte. Flechten
überall. Ein Rechen. Die Gartenstühle
schlaff und weiß, verzichtbar ist der
Tisch. Die Leere kommt. Geheiß.

Der Zaun

Zum wievielten Mal der Zaun,
der steht und nicht weiter weiß.
Muss er auch nicht. Altern ist gut
unter Sonne und Schnee
und krumm werden, gebrechlich.
Die Pfähle sind grau, ihr Rhythmus
zerzaust, darum katzentauglich.
Also flott in die Nacht, die schneehelle.
Schon kommen die Biester.

Dezemberdämmerung

Der gewaschene Nachmittag leuchtet
durch das letzte Ahornblatt.
Spät schon.
Kein Lärm, keine Kantilene.
Im Haus zirpt die Heizung.
Bald kommt das Grau,
fällt kalt auf den Asphalt.

Bevor der Schnee kommt

Bevor der Schnee kommt,
bin ich weiß vor Verheißung.
Starre aufs Astwerk, den grauen See,
die Matrize des Tags,
kaue Lakritze und lese die
Bekenntnisse eines Lemuren.
Es dauert. Sie sagen: heute,
sagen: morgen, aber er zaudert.
Lauert auf die Nacht wie ein
Dieb und fällt in die Saat.
Dann bin ich hellwach.

Erster Schnee

Kälte kam und das ausgerutschte Licht
leuchtete aus den Büschen,
verschneit.
So früh dieser Winteranfang, keine Zeit
fremde Freunde zu sichten,
keine.
Licht fliehendes Fresko, das Rot des
Ahorns fast transzendent
unter Flocken,
und die Schutzmantelmadonna weit,
weit mit gelocktem Kind
und Röcken.
Es war, aber ist nicht mehr Oktober.
Brotboten eilen herum,
freche Keiler,
zum Schnee gesellt sich das Weh,
eine helle Hellebarde.
Steh auf! geh weiter!
Wohin? in welche geflutschte Havarie?
Langsam nimmt der Schritt
den Weg,
versteht: wo Weiß ist, kreuzen Hase
und Reh. Also halt dich
ans Tier.

Zweiter Schnee

Es ist nicht so, dass du frierst.
Du schaust ins Reine,
vergisst die Gier, die Obacht,
du schaust und bist Daune,
lauter Kleinstes, ein Hauch.
Auch was mehr wird, bist du,
kristallweiß auf Wiese,
Baum, Strauch. Helle
Decke und Fracht bist du
und das Schweigen der
Nacht unter Wieseln.

Schneeeule

Kein Rauschen nachts,
nur dieses große weiße
Rund und dünne japanische
Striche: Augen und Mund
schwarz wie der Schnabel.
Sie schläft oder nicht,
dreht plötzlich den Kopf:
Grüß dich! Ein Wesen
des Nordens, wo sibirisches
Polarlicht auf Eis trifft
und der Schnee dauert
und dauert wie ewig.
Da sitzt sie im Käfig
unter wärmerem Himmel,
ein Schauobjekt fremd und
kommt sich leise abhanden.

Die Föhre

Ich schaute in ihre Wimpern
und es war gut.
Gut wie sie fächelte,
ihre Nadeln zauste
und Zapfen abwarf
bei Wind.
Wie sie Vögel barg
und das Sonnenlicht
filterte,
groß, sanft,
eine Beschützerin.

Jetzt steht sie nicht mehr,
leer ihr Platz,
und ich schaue ins nackte
Blau oder dumpfe
Fassadengrau,
fassungslos.
Gesund war sie
wie kein anderer Baum.
Stark und so schnell
gefällt.

Leere

in Erinnerung an Aleš Debeljak

Du hattest traurige Lider
keine losen Wutanfälle
Kinder vier eine Frau aus
Amerika und den Kopf
voller Gedichte.
Deine letzte Kolumne
handelte von Tränen
und abschüssiger Wehmut.
Sie gehören jetzt uns.

Elf Uhr

I

Meine Uhr geht auf elf,
ein Waldmodell das die
Zeit zerkrümelt.
Es ist Herbst oder nicht.
Mit tappendem Morgengrauen
langsam, zerdehnt
fängt es an.
Bis die aufklappbaren
Ereignisse stehen
und losgehen, schneller
als der Tag.

II

Weißes Alpenlicht,
drüben ein Vogel der Mitleid
heischt, und das Plakat grell
wie ein *Südenersatz.*
Ich reise vorauseilend ans Meer,
hier aber häufen sich gleichgültige
Dinge: Trenchcoat,
Hundeleine und Revier.
Wie das alles auf den Punkt
bringen, von der herzklammen
Mütze ganz zu schweigen.

III

Marinotschka, um elf
schon eine gewaschene Frau,
sagt zur farbigen Überraschung:
Majn Frojnd, wer ist eigentlich
der Vater des Kindes?
Im Geflimmer des Vormittags
eine Provokation, doch das Radio
läuft und Frühstück gibt's auch,
in karamelfarbenen Tellern
karamelfarbenes Zuckerwerk,
dazu Tee und Säuglingsgeplärr.

IV

Immer zittert etwas,
das Blatt die Luft das Herz,
und fahrig dieser Morgen.
Sonne auf und ziert sich schon,
von Scheinen nur die Spur.
Verfaßungswidrig dieses
naße Grau. Ich möchte
weg in eine Lehmstadt,
braungebrannt, und unters
Kuppelrund der einzigen
Moschee, und stehn und schaun.

V

Der Tag ist noch übertrieben
mager, ganz ohne Blau.
Drüben die Straßenbahn,
hier Paare mit Hundebeinen
dazwischen. Die Dinge werden
vielleicht Gewissheit erlangen:
die zum Gruß ausgestreckte
Hand, der Sprachwalzer, der
plötzlich angehaltene Schritt,
wenn die Bergfarbe den
Mittag erreicht haben wird.

VI

Das Licht im Ahornstrauch,
dem chinesischen,
anschmiegsam warm,
während es das dichte Grün
ringsum teilnahmslos
bespielt.
Um elf sind die Karten
schon verteilt,
geht alles seine Wege.
Der Kamm, der Hund,
der Sonnenschein.

VII

Warten, bis der
verelendete Kopf sich
hebt und sieht:
alles noch da.
Die Vase auf dem
Schrank, das Fenster,
die Kaminlandschaft.
Nur der Vormittag eilt
die Böschung hoch.
Bald erklimmst
du sie klamm.

VIII

Im Fenster oben eine
gespiegelte Prise
Himmelsblau.
Das Vogelvolk schweigt
sonntäglich,
etwas Wind fährt durch die
Äste des Zottelbaums,
Glasgeklirr,
die Zeit reckt sich.
Schläfrig streiche ich
Alpenbutter aufs Brot.

Eyjafjallajökull, 18. April 2010

I

Ein flauer Tag. Das Licht bricht
sich an Steinen, Vögeln, Wänden.
Die Büsche leuchten von allein.
Weiß oder gelb und bräutlich.
Doch oben segelt was. Die Asche
Wolke des Vulkans mit Tausenden
Kristallen. Und trüb, was kommen
mag. Wie Warten, Angst. Ein
Grounding beispiellos. Regt
die Natur den Finger, gibt's keine
Remedur. Wo bleibt der Regen.

II

Schatten wachsen durch das Gras.
Ein Tier, ein Pfiff. Ermattet dieser
Nachmittag. Der Abend ist noch
weit. Und was bringt morgen?
Isländischen Rauch und dort
vor Ort die Lavaströme? Heiß
und kalt das Ungemach, die
Hilfloszone. Bleiben. Stehen.
Dann untergehen. Kein Flug
Lärm schon den dritten Tag.
So still die Zeit. So unvereint.

Mutter

Halte mich, sagt die Hand,
oder ich gehe. Zurück zum Ende.
Die Hand, die mich streichelte,
schlug, je nachdem. Und jetzt
knöchrig auf der Decke liegt.
Mit greisem Sicheldaumen,
fleckenübersät. Und einem
Restchen Kraft. Sie schafft
es nicht mehr. Nicht zu den
Töpfen, nicht ans Geschlecht.
Entrechtet. Auf einmal still.

Er

Ich warte. Dass er sich zeigt, dass er
redet, dass er schweigt. Dass wir (was
heißt schon wir) zusammen sind. Eine
Weile. Dass der Tisch uns eint, Ellbogen
aufgestützt, eine Mahlzeit lang. Und
lebwohl. Die Sanduhr. Das kaltblaue
Licht. Das Schlüsselrasseln. Fassbar
nur der schnelle Gang zur Tür. Bis
wann? Er hört es nicht. Die Gedanken
schon dort, hinterm Gras, garagewärts.
Ein Köder seiner eigenen Angst.

Streben oder sterben

Sie liegen, sie stehen. Manchmal schwanken
sie auch. Etwas unwillig, mit ausgestreckter
Hand. Hamsienichwasübrig, murmelt
ein trockener Mund. Jeder Cent ist willkommen,
wenn der Bart ins Struppige wächst. Und die
Haut wie Leder. Und die Knie es kaum noch
schaffen die U-Bahn-Treppe hoch. Bitte.
Ein Recht auf Recht. Sagt ihr fiebriger, fahriger
Blick. Bevor der Fuß einknickt. Schon wieder
ein Tag. Wir stranden nicht. Wir streben aufwärts.
Das sagt sich so, wenn aufwärts gestorben wird.

Szene

Er sagt: Knochenasche.
Er sagt: Die Neujahrsbohnensuppe hat nicht geschmeckt.
Er sagt: Das ist kein Zuhause mehr.
Sie sagt: Es war ein süßes Kaki-Jahr.
Vom Bildschirm flimmert der Mann, wie er die Frau am Hals fasst.
Ein zittriger Morgen, die Pferdeschelte ist vorbei.
Jedenfalls habe ich aufgehört, deine Frau zu sein.
Ein achtzehnter Januar, ein achtzehnter.
Es überläuft ihn kalt.
Nicht doch, Liebster.
Mit einer Geste, als wollte er sie wegwerfen, stößt er sie von sich.
Das war heute wieder ein schöner Tag.

ORTE

Wind zaust mir den Kopf
durchkämmt im Flug die Landschaft –
ein Engel der Luft

Lemberg, Flughafen

Luisa, ruft er, zögernd zwischen
Milde und Zorn.
Sie schaut nicht hin. Blaue,
verlorene Augen, das Haar blondiert.
Schön ist sie gewesen, ist es immer
noch. Aber etwas neigt sich. Was kann
er dafür? Mit seinem Geld, seinem
Amerikanisch hat er das zierliche
Zicklein gekapert. Ein Papi in Jeans
und dunkler Sonnenbrille, machtlos.
Sie melkt ihn, um in tiefe Melancholien
zu verfallen. Kopf untern Hotelschrank.
So ungefähr. Und die ukrainische Mama
sieht lächelnd zu.
Luisa!
Luisa schwebt durch den Duty-Free-Shop,
als dürfte sie ewig bleiben. Es ist September,
in den Spiegeln rote Blumen. Oh.
Aber bald kommen die meterlangen
Phobien, die Abendsonne im Rücken.
Sie schwankt, dreht sich um.
Sein Gesicht ist glatt wie eine Rasierklinge.
Zu dritt stapfen sie zum Gate.
Ein Trauerzug. Ein Trio infernal. Verbraucht.

Durch Galizien

Wie aus den wolligen Hügeln
mit Katen und mageren Kühen
mit Obstbäumen und Goldkuppeln
Schwarzerdeebene wird.
Weiter gelbbrauner Horizont
ein Himmelsstrich
davor der glastige Dnjestr
im Abendlicht und vorbei.
Rauch von den Feldfeuern
(die Ukraine weint) kein
Bahnhof kein Mensch nur
Schollen Stoppeln Mais
und weiter im Schwellentakt.
Die Landschaft verwaist
langsam der Zug (die Gleise
die Zeit) wir fahren wohin.
Die Nacht bricht herein und
spät in den Gläsern dunkler Wein.

Czernowitz, Kaddisch

Hinunter zum Pruth
zu den Faulbeerbäumen
den wilden Gärten
Katen, den Säumen der
Zeit wo das Pflaster bricht
und nicht aufersteht was
war. Stumm stehen sie
da: die Betschul das
Altenheim das Spital
ohne Moideles Schmuels
Itziks. Egal was wir tun,
sie sind nicht mehr da
und für immer. Der
Himmel verzeih uns und
sich sein unverschämt
blaues Schimmern.

Odessa, klaffende Lücken

Es gibt sie nicht mehr,
die Chaims Jankels Mendels,
die Solomontschiks mit flammendem Haar,
die wüsten Gauner von der Moldawanka,
die Makler Taubenschläge Narren,
den Pesthügel und die zahnlosen Alten,
die Zaddiks mit karminrot gemaltem Bart,
Krähenschwärme, auf Särgen Altäre,
zu Asche verbrannt.
Es gibt McDonald's Starbucks Fendi,
gesalzene Profiteure, Bettler und nachts
zwei Mädchen zu Ross auf dem Primorskij:
Sitz auf, wir halten Wacht.

Odessa, 4. Oktober 2015

In der Markthalle Quarkberge, Trockenfrüchte,
süße *Kisch-misch*-Trauben und gedankenverlorene
Verkäuferinnen, deren Hände ruhen.
Aus manchen Buden riecht es nach *Tschebureky*,
in der Bäckerei nach Schwarzbrot und Koriander.
Die Einkaufsnetze wippen, schau dir die Rentner an,
wie sie durch die Straßen schlurfen, die langen
schattigen Alleen.
Platanenzelte, Akazienwälder, das Licht ein tanzender
Hase, der sich mit seinem Schatten rauft, und oben
Vögel fast schon körperlos.
Die Mädchen eilen (Kapuzenkleider keine),
auf ihren Schläfen ein Gran Sorge, an ihren Fersen
ein Fahrschein zum Glück.
Und während du gehst, rückt sich die Stadt zurecht,
schüttelt den Morgen ab, den Mittag, verscheucht
die Wildnis ihrer Mahre, den nassgeschwitzten
Sound.
Fontänen, grüne Zwiebeln, Karyatiden, Pinscher,
das Pflaster liest dich, du liest die Zeit, rissig
und ungewaschen, was soll die Schönung
(von Schonung ganz zu schweigen).
An der Ecke die Synagoge, die einzige, wo sie
noch beten. *Sukkot*, sagt der Wärter, heute ist
Laubhüttenfest.
Dann siehst du sie kommen in Jarmulke und
Schwarz, mit flatternden Gebetsschnüren.
Das Zelt wartet schon hofwärts,

auf der Tafel G'fillter Fisch und Suppe,
in der *Zitronenseen wie Perlmutt schimmern*
(würde Isaak Babel sagen). Ein Festmahl
mit Brathuhn und Gans, darüber die Federbüsche
der Blumen.
Wo bleibt die Brandung des Meers. Du hörst nur
die kreischenden Krähen in den Baumkronen.
Es ist Abend, so plötzlich fällt das Dunkel ein.

Wien wie Evidenz

Als Wien weinte (*torrential rain*),
traf ich zwei Filmer im Café Central,
Russen und zufällig (oder nach
höherer Regie). Er sprach von
Ottakring, sie von Putin und dem
kleinen Prinzesschen (so nennt sie
ihr Kind). Gegessen, geredet, die
Zeit verging.
Als der Abend kam, sang ein
Chor in der ukrainischen Kirche.
Gold und ein herumrobbender
Knabe. Er lachte.
Als ich mein Buch hervornahm
(um zwanzig Uhr zehn), sagte
Frau I.: *radikal unpolitisch und*
hoffnungslos unpopulär. Punkt.
Ich zog mir ein Fell über und
las (ein Schneehase auf der Flucht
ins Exil). Schnell glitten die Zeilen
vorbei. Wien wurde weiß.

Subotica

Du läufst den Schatten nach
in den Akazienalleen,
den gelben Blättersäumen,
es ist Sommer und Herbst
zugleich, die Cafés lachen,
von den Feldern aber steigt
beißender Brandgeruch.
Schon wieder soweit.
Um die Synagoge ein
leerer Platz, viel zu leer
für Freude, die nicht
aufkommen mag.
Auch die Gräber mit
den hebräischen Namen
dämmern dahin, von
Hundegebell bewacht.
Was war, liegt in der
Schwarzerde tief unterm
Gras, nur die Steine recken
sich wie gebleckte Zähne
gegen alles Ungemach.
Auf dem Corso Jungvolk,
Kippen, etwas plätschert
mit Bedacht. Wenigstens
die Brunnen sollen sich
erinnern, bald wird es Nacht.

Transsylvanien

Berg und Tal,
Hügel und Tal,
Senke mit Weiden,
weichen wolligen Schafen,
grün wie denn sonst,
grüngrün in allen Schattierungen.
Und manchmal Wald
hangwärts,
die Buchen wie Riesen,
ein kühles Paradies.
Da taucht ein Dorf auf,
die Häuser aneinandergeschmiegt,
mit putzigen Giebeln,
schlummernden Gärten, Zäunen,
nur Menschen keine.
Wer kommt hier nieder?
Und gibt es Niedertracht?
Hinter blühenden Hecken
der Forst, wo sich
Tiere verstecken,
während die Ebene
brach liegt, handtellerflach.
Hier läuft das Band der
Straße, läuft zum Horizont,
lässt dich ungeschützt zurück.

Bukarest, Sfântul Georghe Nou

Beim Betreten der Kirche die
ondulierende Stimme des
Sängers, auf ab, in Sanftmut.
Sonst aber Marktplatzstimmung,
ein Kommen und Gehen von
Frauen mit Broten, Kindern
mit Körben, Popen mit Taschen,
als sei alles Essbare gesegnet
worden für dürftige Tage.
Ein Priester in Blau berät ein
Paar, die Schlange vor dem
Kerzenstand ist lang wie ein
Zottel, und braun schauen
die Gesichter unter den
festgezurrten Kopftüchern
hervor. Mütterchen, Jungfraun,
Halbengel, Huren mit traurigem
Blick. Es ist ein Sonntag, der
Trost verspricht, wenn du nur
glaubst. Aus der Kuppel segnet
ER seine Herde, die Heiligen
und Apostel stehen Spalier,
während Maria ihren Fuß
anmutig abspreizt, den
Flehenden zum Pläsier.
Draußen die Bettler und
Invaliden, benommen von

der Stimme, die singt wie in
alle Ewigkeit. Was soll da die
rollende Münze, kürzer als
die Hoffnung ist nur die Zeit.

Ulm, Farbenlicht

Ziemlich banal: Schneegestöber,
Nackenverspannung, bei Rossmann
Nivea Vital gekauft und ab. Im
Dunkel der Kirche tastet das Auge
herum. Oben die Kälte des Raums,
schutzbefohlen. Ich möchte Flor
und feines Delirium. Über das
Chorgestühl fährt ein Putzlappen.
Dann dann, irgendwo rechts, das
Andere. Farbenglanz. Von Fenstern
der Kapelle, die mich anschauen.
Noah ragt aus dem Kamin seiner
Hausarche, vor ihm die weiße
Taube vor tiefem Blau. Das
Schiff ist so goldgelb, dass es
allen Wogen trotzt. Auch meinem
Freitagsgram. Rot strahlt das
Ziegeldach, ein Mädelchen starrt
auf die Flut. Guten Tag. Gute
Hoffnung. Wir werden nicht
verloren sein. Etwas besoffen
zum Bahnhof, als flöge ich.
Die Landschaft mit Rind und
Jesuskind begleitet mich.

Umeå

Das Licht gebiert den Turm,
den Wald, die Glocke,
den Horizont mit Fluss und
Vogelscharen, den Kran, der
Platten hisst wie Spielzeugwaren,
das Volkshaus, Universität
und Fahnen. Den Wind, der
durch die Birkenalleen zieht,
das Himmelsblau, die Raben,
die Passanten mit und ohne
Zuversicht, den Kinderwagen.
An diesem Märztag, zehn Uhr
zwanzig. Schau, vergiss das
Fragen.

Unterwegs nach Köln

Am Himmel die Leuchtspuren der Flugzeuge
nicht eine Wolke
doch während ich schaue
schieben sich Gesichter ins Blau
das weinende der syrischen Frau im Zug
der Mann neben ihr tröstet sie wortlos
steckt ihr einen Schokoriegel zu
sie kaut und weint und
erschrickt als der Schaffner kommt
Aufpreis zahlen! heißt es
die Fahrscheine taugen nicht
für Expresszüge
und ihr kindliches Englisch
taugt nicht für einen Deal
Hamburg Duisburg wohin geht die Reise?
dahin wo der Onkel lebt *uncle*
jetzt muss das Handy her damit er
die Sache richtet der Onkelbruder
und ja es ist Duisburg
und ja es kostet 30 für zwei
sie hat aufgehört zu weinen
ihr eben noch wimmerndes Gesicht
ist zum Rhein gewandt
wo russiche Saatkrähen kreisen
der Winter schmilzt
will ich ihr sagen
keine Angst
es geht dir nicht an Kopf und Kragen
schlaf ein

Berlin, Große Hamburger Straße

Sag nicht es riecht nicht nach Braunkohle
diesen Geruch erkenne ich blind
Ljubljana anno dazumal
hinter dem Garten die Lokomotiven
es ist Winter und kalt
es ist Kindheit und Frost
aber hier
kein Rangieren
das Gemeindehaus steht da
mit seinen Einschusslöchern
und der Dämmer riecht säuerlich
ich atme ihn ein
ich atme ihn aus
wieviel Zeit reist in mir
ohne sich zu wiederholen
im Zenit Rosen Mimosen
unerobertes Gras und Zitronenfalter
die *dark days* aber wie Musik
die nicht spricht
läuft das Kind zur Schaufel
läuft die Schaufel zum Sand
läuft der Sand in die Grube
läuft die Grube zur Nacht
läuft die Nacht zu den Sternen
stehn die Sterne Wacht
und wo bitte bleibt die Anleitung
für ein anderes Leben
was gegeben spinnt sich weiter

und so fort
hier in Mitte der grüne Eimer
und dieser verklumpte bittere
Geruch
dem ich folge
wie ein Narr seinem Hut

Berlin, Kastanienbaumschule

Habe nichts in diesem Hof zu suchen
schaue nur den Baum an mit seinen
Riesenästen und die Kinder
die in die Pause eilen flatternde
Saras Annas Lenas Leas
Dereks Orhans Nathans Philipps
Ninas Saschas Volkers Selims
wie ungezähmte kleine Löwen
verwüsten sie die Stille
zertreten die Haut der Pfützen
schrecken die Vögel auf
es gibt keine gedimmten Sätze
nur lebhaftes Geschrei
und die unglaubliche Schönheit
eines bunten Haufens
einer rennt einer lacht einer träumt
einer entfacht Wut einer spielt
einer verliert einer neckt einer
versteckt sich einer löst Rätsel
einer wirft die Arme in die Luft
einer streitet einer erheitert jeder
saugt den Schatten des anderen
auf der Staub hat keine Chancen
was hinter den Namen wartet
weiß ich nicht was das Gemäuer
hütet ist mir verborgen
der Moment hat keine Meinung
er leuchtet und nimmt mich

freimütig auf bis ich merke
er hat mich umgetauft
Impressum: langsames Licht

Praha, Agneskloster

Keine Apfelbäume wachsen im
Kirchenschiff keine Kletterrosen
Mimosen der Stein ist hart
und hoch und Agnes die Heilige
ruht längst in den Tiefen
Freitagmittag vermooste Stille
bis plötzlich Stimmen ins Gewölbe
fliegen ein zerrissener Sopran
und aus einer Nische das Meer
leuchtet wie flutendes Metall
In koreanischer Seitenlage
der Satz YOU ARE IN ME
I AM IN YOU vielhundertmal
und drüben auf vergilbtem Papier
Jahreszahlen die keinen Himmel
ergeben umstellt von Vokabeln
EARTH SHADOW JELLYFISH
hier hat sie sie deponiert
JAE EUN CHOI
mit unketzerisch kleinen Händen
damit sich einen Reim macht
wer eintritt
die Leere spielt will keine
Lehre sein
längst ist der Sopran verstummt

Praha, Gassen

In den Gassen saß früher Verderbtheit
verkehrten senile Kupplerinnen und
Mädchen mit zeisiggrünen Strümpfen
um hinten in den *Schandherbergen*
zu kreischen und zu feilschen
Torbogen Pflaster blinde Fenster
die Laternen rot wie zischelnde
Zungen
Heute sprühen Thai-Massage-Salons
ihre Leuchtreklamen in den Dämmer
und ein Tiger grüßt aus der Vitrine
die Verzweiflung hat das Gesicht
gewechselt
wer Geld will küsst die geleckte
Straße eine offene Mütze in der
Hand man soll der Obdachlosigkeit
nicht in die Augen sehen
Hunde Katzen keine aber vor dem
Kostümladen eine Blutspur auf
ihre Echtheit nicht überprüft
Hauptsache der Fremde applaudiert
bevor er aus der Barocktrunkenheit
mit einem Brei aus Broten
in die struppige Umgebung entflieht

Praha, Rabbi Löws Grab

Ich fragte die Steine
auf Rabbi Löws Grab
wieviel sie wogen
Sie sagten: das Gewicht
einer Atemlänge
Und fügten hinzu:
Zentner von Leid
Kleine große
von Kinderhand
sortierte zu
Häufchen getürmte
der Regen peitscht
sie flach
kommen neue nach
grau wie Flusskiesel
wie Elefantenhäute
dazwischen eine
rubinrote Glasperle
verschwenderisch
He, Rebbe, wach auf!

Praha, Regensonne

In der Malteserkirche küsst die Amerikanerin
den dunklen Bräutigam und der Priester schaut zu
bevor er den Segen erteilt
warum fiel die Wahl auf Prag warum an diesem Regentag
weiße Schleier täuschen über nichts hinweg
Die Rollstuhlfahrerin aber will es über die Brücke
schaffen bevor das Gewitter losgeht
kein Leichtes zwischen Touristen und Gauklern
vor dem Spalier spinnwebenüberzogener Heiliger
Weg frei! will ich rufen als der Donner kracht
aus grauer Riesenwolke jetzt rennen sie schon
die Unbewehrten und das Mädchen dreht noch
schneller an den Rädern
meinetwegen Dora aus Danzig nun schon triefend
nass der Nepomuk wollte es nicht richten für sie
nicht heute armer Spatz
Und Kafka so lese ich in der Franziskanerkirche
beschwichtigt die Angehörigen sich mit der
Wollweste Zeit zu lassen er habe eine *Pelzweste*
was reicht *Nur ganz ruhig jeden Tag drei Maschen*
Das war im Februar vierundzwanzig ehe er von
der Polizei die *Lebensbestätigung* holte und
Hausfrau Dr. Busse ihm einen Schaukelstuhl
hinstellte Veranda Sonne sie sollte ihn wärmen
Ich lief ihr entgegen als es sich ausgeregnet hatte
saß auf dem Platz der Armaturen mit freier Sicht
auf den Turm ein Kellner rieb sich die Oberlippe
ein Russe sprach zu seinem Koffer keine Fliegen
der Himmel war frei

Praha, spät allein

Von Knödelchen hatte ich nicht geträumt
von Lungenbraten in saurer Sauce
und Palatschinken mit Eis
von schäumendem Bier in riesigen
Humpen das zärtlich *pivečko* heißt
aber von Kneipen in Seitengassen
mit ihren späten Gerüchen in die
sich ein Verirrter mischt
Die Nacht zieht Fäden der Pulk
der Touristen korrodiert
in einer dämmrigen Vitrine
ein Schaukelpferd: *Ich bin's!*
Wer will schon austauschbar sein
unter tausend Sachen ob Buch
Manifest oder Hampelmann
Es schlafen die Zierate Wappen
und Säulenportale es schläft
das Pflaster in seiner Melancholie
was innerhäuslich geschieht
ich sehe es nicht hinter Jalousien
irgendwo riecht es nach Kohl
und drüben wühlt ein Hungriger
in der Mülltonne (*to be or not to be*)
er glaubt sich allein

Praha, Kinderzeichnungen aus Theresienstadt

Und sie fing zu weinen an
vor der Kinderzeichnung mit dem
Schiffswimpel in grüner Wiese
aus Theresienstadt
eine Blondine dünn
ihr Freund schwieg
Pinkassynagoge erster Stock
einige überlebten andere nicht
die Frage füllt die Wände
Häuser Bäume braune Frisuren
Sonnen mit leuchtendem Gesicht
und ein Frühstück im Garten
so hofft nur der für den es nicht
das letzte ist
aber da sind auch Zimmer
wie eine nackte Drohung
und ein Knirps mittendrin
allein
Fluchtwege keine
nur ein Kerl mit Axt
vor wem sich wegducken?
zu wem emporbeten?
der Lagergott verzog
keine Miene
und sie kritzelten
malten in verelendeten
Kindertagen zwischen
Jetzt und Nichtmehr

Praha, Bücherkauf

Im Antiquariat eine Kiste mit
hebräischen Gebetsbüchern
und Kafkas *Briefe an die Eltern*
ich lese von Alkoholinjektionen
Pyramidon und einem nicht
lobenswerten Gewicht von 50 kg
kein Zufall dass ein Band über
jüdische Friedhöfe gleich daneben
liegt
säuerlicher Kellergeruch in den
Seiten soll ich kaufen soll ich nicht?
»Schwellung hinten« »Infiltration«
Lazarethgasse undsoweiter werde
gemustert mein Zögern steht mir
im Gesicht
dann wandert alles in die Tasche
die ganze Sanatoriumszeit mit
Dora mittendrin und mährischen
Grabsteinen und zuoberst die
Gebete zu Rosch Ha-Schana
woher das Krümelchen in meiner
Hand?
draußen Grau bei zerschrammtem
Himmel ich werde keine Vögel
meiden keine

Praha, Kampa

Die Zieselmaus! flüstert eine Stimme
in die Wiese und ich müsste neunmalklug
sein um ihr zu folgen
Kampa der Saum der Trauerweiden und
Fließen ringsum
auf dieser Insel lebte Holan dichtete
im Dunkel dunkle Verse
kein Weg führte ihn hinaus
übern Teufelsbach in die fiese
Wirklichkeit oder was er dafür
hielt
ein Zittern eine Prognose für immer
während das diesige Zimmer Falten
warf (verkriech dich) und mit liederlichem
Ernst versank
er aber barg aus der Tiefe Lieder
barg notierte die Krise hieß Vladímir
und machte ihn stark
als Wortdrahtzieher hisste er Wortfahnen
wie seltsame Wimpel
und wo heute Touristen campen
hielt er Schamanenwache gegen die
Vermiesung der Welt
Melodie! höre ich neben mir flüstern
doch der Platz ist leer

Praha, Rendezvous

Sie warte sagt sie
es sei ihr wie Schuppen von den
Augen gefallen sagt sie
Am Ende eines langen Tags
mit einbandagiertem linken Arm
stehe ich an besagter Kreuzung
drüben ein Abraumplatz
(*die Farben dieser Žižkover*
Dolomiten mischen sich mit
Gummigut) zwei Kinder
Sie kommt
sie ist schon da
pünktlich wie die Ambulanz
und ich denke: Mnemosyne
aber sachte
wir steuern zu einem Termin
mit Orchesterlärm
kaufen unterwegs eine Semmel
kauen stumm
sie wischt sich den Mund ab
fragt: tut's weh?
Nicht in diesen Gassen
sag ich und blicke auf eine
Schaufensterpuppe mit asiatischem
Haar wir reden vom Schauen und
Vergessen vom zerronnenen Schmerz
jetzt gerade jetzt ist es Zeit
sagt sie und zeigt nach oben

wo der Wind ein Kleid bauscht
an langer Leine
na dann ahoj

Kairo, Altstadt

In der lehmbraunen Zeitmaschine
fährst du Jahrhunderte retour
Gassen mit langen Gestalten
ihre weißen Turbane wie Vogelnester
Kinder fassen sich an den Händen
lachen und oben der Muezzin
sein Ruf schwebt über den Dächern
ein Singsang wie Rauch wie laue
Luft während der Mann in Kapuze
und Sandalen das Pflaster schabt
Fassadenreste verblühte Brunnen
Wäsche am Seil die Armut schaut
aus Türen riecht nach Zwiebel
und gedeiht herrenlose Hunde
schnüffeln nach Nahrung fehlt
nur ein Reiter warnbereit man weiß
nie wie der Abend fällt hinter
schweren Mauern
Fladenbrote ein Frauenschuh
zwei feindselige Augen denkst du
und soviel Mittelalter war nie
auratisch bis in die Ritzen und staubig
an diesem verhangenen Tag am Nil

Wind in Teheran

für Mahmud Doulatabadi

Wind hatte ich nicht erwartet
einen Wind der die Blätter umdrehte
an den Kopftüchern zerrte
den Straßenstaub hochblies
Wirbel bildete
der die Sträucher zerwühlte
und Plastiktüten zum Tanzen brachte
Wind von allen Seiten
ohne Unterbrechung
Wind
oben die glühenden Schneeberge
unten das Wüstengrau
und trockene Kehlen
du schluckst
du hast Wind geschluckt
du hast ihn gegessen
er schmeckt wie Filzstaub
er fährt dir in Nase und Augen
verfängt sich in deinem Mantel
du weinst
du weinst nicht aus Trauer
du weinst Wind
er hat keinen Namen
er tut was er will

Schirāz

Bittermandel Pistazie Quitte
Granatapfel Orange Zitrone
Kaki ein Saum von Zypressen
Rosen Mimosen
der Garten: das Paradies

Kerman, Teppichweberei

Im Teppichornament
der kleine Vogel Kilikili
ein scharfer Schrei durch
wieviel Knoten

Persische Wüste, nachts

Die Milchstraße in Zein-o-Din
weiß wie ungefärbte Wolle
klaub dir ein Knäuel
und leg dich in den Kamelstaub

Yangzhou, Mondfest

Eine Steinbrücke fünf Pavillons
Wind
gedeckte Tische Musik
Kinder
sie lachen und tanzen
im Gedicht
findet der Mond (*yuè*)
sein Gesicht
Äpfel Kastanien lindes
Licht
gespiegelt im See
mitternächtlich
das Weiß der Pagode
wie Milch
Grillengezirp wer ist
ich

Yangzhou, schläfrig

Wie er durchs Wasser gleitet
der Drachenkahn
vorbei an vielgrünen Ufern
Weiden Pavillons
vorbei an Vögeln die aus
Büschen stieben
an Faltern die tanzen
wie im Rausch
vorbei an Schilf Gräsern
Stegen
an Wegen mit unbekanntem
Ziel
vielleicht lockt ein gütiges
Nichts am Rande
ein Froschgott
oder die Wiege des
Nachmittagsschlafs

Peking, nahender Sturm

Buddhistische Böen
der Himmel schwarz
die Gebetsmühlen drehen
sich von allein
die Vögel flach
jeder Zweizeiler
macht sich davon
auch Blumentöpfe
und Hüte und der
linksseitige Pony
rutscht nach rechts
die Radfahrer schwanken
wie im Fieber mit
eingezogenem Hals
knatternde Fahnen
Plastikplanen
zerfetztes Spruchband
nur die Bäume stehen
unbeugsam im
Tremor der Luft
grüne Götter
bis die Flut sie zerrauft

Peking, Konfuziustempel im Regen

In seiner riesigen grauen Umarmung
steh ich da
hinten zwei kichernde Wächter
draußen der Sturm
Regen der auf die Steinstufen prasselt
den Garten in einen Vorhang hüllt
aus langen Fäden
verwischt die Konturen der Zypresse
knorrig vielhundert Jahre alt
verwischt das Geviert
alles entrückt
die Wege Stelen Tore Traufen
die Säulen Simse Ziegel
der Himmel
nur die Vögel schreien in
den Bäumen lauter als der Donner
ruft so der Meister aus ferner Zeit
halb zornig halb abgewandt?
der Tempel schließt
sie klirren mit den Schlüsseln
geh geh ins Schwarz der Wasser
Pfützen
überspring die Flut
verweile nicht
bin schon bereit
bin triefend nass
als ich den Ausgang finde
jetzt einen Schirm und heißen

weißen Tee –
nicht doch
raunt neben mir der Alte

Nagoya

Zuerst war das Licht da
der laue Pazifikwind
der die Wäsche bläht
ein Zittern in der Straße
obwohl kein Kind vorbei-
rannte nur eine Alte
stumm heimwärts hielt
ein kleiner Schutzgott
kauerte am Fuß eines
Baums lächelnd mit
Blumen geschmückt
sonst nichts
Die Kreuzung kam später
der grüne Tempelbezirk
der Convenience Store
offen rund um die Uhr
und das Zirpen der Grillen
nachts wenn der Schlaf
mich mied
Autos glitten dahin Frauen
auf Fahrrädern mit auf-
gespanntem Sonnenschirm
vorbei an dämmrigen
Läden nur die Sägerei
schlug Lärm und duftete
nach Holz
Ich sah Fahnen und flatterndes
Papier einen Mönch am

Glockenstrang ziehen
und Gebete in Büschen
wie winzige Kraniche
nichts war gewohnt
die Sprache nur Klang
weder leer noch voll
aber bunt wie Getränke-
automaten
Ich grüßte den Schutzgott
ich grüßte die Grillen
ich kaufte Kaki beim
Chinesen und räucherte
im Schrein
Der Wind sang sein Lied
es hatte drei Strophen
und keinen Reim

Flohmarkt bei Ōsu Kannon

Als die Finger sich in die Kimonoseide
vergruben in Falten und Mustern wühlten
sang es aus den Tempellautsprechern
die Farben bekamen Klang die Pflanzen
trieben aus die Schmetterlinge verfingen
sich im Bambus der spross wie bebuscht
Vögel schnäbelten Schnee und ein Ast
ließ ein zerbrochenes Blatt fallen und
die Wildenten schwirrten überm Teich
wie eine Träne im Pelz
Alle Jahreszeiten machten die Runde
ruhig in Rot Grün Ultramarin in hellem
Gelb und Tieforange mit Sonne und
Sichelmond und dem Lila der Nacht
Uferlos sang die Stimme vermischte
sich mit Stoffballen und Holzschuhen
mit alten Stempeln und Kalendern mit
Töpfen Schalen und Glocken und dem
Schellackhimmel obenauf
Kaufen oder schenken handeln oder
beten tasten oder fasten süß empfinden
oder schwimmen im Farbenrausch
zirkulieren oder zanken feilschen oder
danken schauen oder wanken an diesem
Nachmittag
Als das Licht sank und die Waren in
Beuteln verschwanden verstummte
der Gesang im Tempel erglühten die

Laternen die Altäre das Gold zeigte
seine Blütenzähnchen und blitzend
im gelben Schein griff Kannon die
Vielarmige nach dem Rad der Zeit

Kyoto

Ist es der Garten
ist es der Stein?
Keine Animationen
keine Animositäten
morphologisch richtig
steh ich an der Stelle
wo alles einerlei wird
Ein Vogel hustet
der Ahorn färbt sich
rot die Füße fühlen
schuhlos das kühle
Tempelholz und
leer reimt sich der
Himmel auf nichts
oder sich selbst

Kyoto, Fuchstempel

I

Tunnels von Rot
und gespenstischer Dämmer
es tropft auf die Tore
die Füchse die Büsche
in denen zaghaft Grillen zirpen

II

Schintoistisch den Berg hoch
der Nebel schleicht um
die Fuchsschreine
stopft die Mäuler
der spitzohrigen Wesen
die zu zweit und unvertäut
hinaufzeigen

III

Höher noch höher
der Wald zieht bergauf
schreit wer?
Das steinerne Heer
der Füchse wacht
im Regen
eine heilige Meute
erstarrt

IV

Doch als der Mond
kommt und der Reis
in den Opferschalen
schimmert wie Eiskristalle
erwachen die Schweiger
steigen von ihren Sockeln –
und auf zum Fuchstanz

V

Rot mal rot
Baum mal Tor
eine Brandung der Götter
im hingerissenen Nachtwald
bis verwilderte Fetzchen
den Morgen verkleben

ZEITEN

Tage sind Nester
auch Messer aus kaltem Schmerz
and how long is now?

Anthropomorpher Tag

Er gähnt
er macht Pausen
er putzt sich die Zähne im Wald
werkelt an seinem Ansehen
er sagt: schutzbefohlen
und mimt eine Abendempfindung
Kahle Winterästchen, was soll
dieses Theater?
Von Gartenflor keine Spur
und noch heißen Spatzen
nicht Valérie
also Geduld haben
Der Tag ist kein König
nur eine verlorene Sprache
die sich selber genügt
Lass ihn
kümmere dich um dein
verpfuschtes Gesicht
das Sorge braucht
wickle die Haare um
deinen bissigen Mund
Empathie mit Klang
und Feuer
damit man dich liebgewinnt
damit die Losigkeit
aufhört
Du bist ein zärtliches
Wäldchen

du bist
weder Herz Jesu
noch eine Mogelpartie
dein Schatten gehört dir
to say the least
du bist nicht in eine
Stiefmutter eingenäht
heute ist dein Heute
und es schimmert so
taumelnd
was hindert dich

Sonntag im März

Heute trifft Blütenschaum auf Schnee
die Landung ins Glück ist vereitelt
weiß auf weiß wie weiter
der Akkusativ hat sich davongemacht
also ich liebe dir oder ich liebe dir nicht
wenn der Märzhimmel dies wüsste
eine plastische Wolke segelt vorbei
und schneit sich blumig aus
Trauma oder Katarakt der Tränen
und Träume frag ich mich (frage
den Sohn) und greife nach dem
Korianderkeks aus Kroatien
die Plätzchen verhindern den
Aufschrei bis die Augen sich
weinend aus dem Fenster lehnen
eine schöne Sonntagsbescherung
noch nie von Fitnessstudio gehört?
da gehör ich wohl hin um schutzbefohlen in Maschinen zu schwitzen
Salz und Trance und Kollaps des
Nominativs aber sieh: am
Wolkenrand eine stürmische Sonne

Nachmittag im April

Die Gedanken schweifen zum
afghanischen Kriegsteppich
mit seinen Granatäpfeln und
schnöden Panzern
zu den Pflaumenblüten
die ihr erstes Weiß erproben
unschuldig wie immer
Was ist besser: Blumen
plissieren oder ferne Waffen
fürchten, diese Totmacher?
Die Hand will eines der
Kopf ein anderes
und Stille
Ratlos umgibt sie diesen
Montag das Haus den Garten
auch mich hüllt sie ein
wie ein altgedientes Tuch
Stille aus sechs Buchstaben
der siebte wäre vielleicht
die Antwort
aber nein
schweif weiter schweif
allein umsonst
drüben die nachtblaue
Bordüre wer fragt schon
nach dem Willen

Samstag, fünfzehn Uhr fünfundvierzig

Der Traum jagt mich noch
wie ich rannte um ihn einzuholen
den langbeinigen Weißrussen
mit hellem Haar und Gemüt
der mir Frieden versprach
und plötzlich das Weite suchte
das Weite unbedingt
ich blieb zurück
ich hatte keine Chance
er hörte auf die Stimme
eines anderen Planeten
lief was das Zeug hielt
sportlich oder eher schreckhaft
in erdbeerroten Turnhosen
so hatte ich ihn nie gesehen
auf der Flucht vor mir
oder wem auch immer
Ales sein Name
die Beine blass
God bless you dachte ich
und gab es auf
doch seh ich ihn noch immer
laufen durchs Nachmittagslicht
etwas unscharf wie auf einer
alten Filmkopie
während mein Schatten schmerzt
der Abend ist verloren

Sonntag, siebzehn Uhr dreißig

Das Licht hat gedreht
die Tollkirschen glänzen in der Sonne
es wird heiß
noch weiß ich nicht kommt einer
kommt er nicht
die Kochlöffel stehen bereit
einmütig dann aber bleibt
der Reis das Fleisch ungegessen
ich bin allein
verzehre den Abend die TV-Show
ganz spät noch eine Banane
mit dem Mond obenauf
so wird es sein
der Hunger will Gesellschaft
lässt sich nicht abspeisen mit
einem Nein für zwei

Samstag, fünfzehn Uhr (Mariä Himmelfahrt)

Sie fuhr in einen unbedeckten Himmel auf
Mary Maria la madre di Dio
dort thront sie beim Sohn
wohlverdient
Fürsprecherin aller Armen
seit Stunden Landregen
nasse Sommerzäsur
kein Vogellaut aus den Büschen
kein gar nichts
ich verspüre ein Anstaltsgefühl
hier drinnen ist weit
von dort draußen
brauche keinen Monteur
keinen Konsum keine Kapuze
nur eine Rippe Schokolade
gegen den murrenden Tag
und etwas Erhebung
mal warten ob über den
Wasserschleusen ihr
Ruf ertönt
Mutter
und dann die Musik

Montag, achtzehn Uhr dreißig (Castasegna)

Das Gras hat gerade nach Süd gedreht
Wind aus den Schluchten der Berge
im Garten Phlox
faustdicke Tomaten
Fußnoten zum Abend
von der Pergola hängen Trauben
wie dunkle Tatzen
keine Radiomusik
nur leises Kratzen
an der Mauer
versiegelt ist nichts
der Himmel aufgewühlt
in Tiepolofarben
und weit links zwischen Schauern
ein doppelter Regenbogen
ohne Gewähr

Sonntag, siebzehn Uhr (Altweibersommertag)

Am Strand liegen sie erschöpft
von der Street Parade
Füße im See Kopf im Gras
etwas dröhnt noch partynah
die Beats haben das Zeug
sich festzusetzen
entgleister Entspannungsschlaf
während mir der Mut unters Kinn rutscht
und tiefer hinab
wo der kranke Magen rumort
trinken oder nicht
essen oder nicht?
welche Person anrufen
wenn die schreckstarre Seele
nicht weiter weiß
und der Abend anbricht
und der Stuhl vor der Haustür
noch immer wartet?
fast schäm ich mich
mir diese zitternden Worte
einzuflößen
fast

(verfluchter Magenpurpur)

Mittwoch, sechzehn Uhr fünfundvierzig

Keine neunschwänzige Katze
auch kein Sommerloch mehr
kein Nadelhüpfen keine Paarung
keine hellen Seraphen
nur dieses Schmerzkontinuum
in der Magengegend
anderswo Flüchtlinge in Scharen
Kinder Kinder Mütter blass
verschlafen mit allem am Ende
nur bitte rein nach Germany
seit Tagen gehen sie durch die
Hölle klaglos
einer weint beim Wort Damaskus
zwanzig sind versteinert
schauen fremd
im weißen Tuch der Säugling
ohne Meinung
nur klein ein Winzling
mit der Katastrophenfalte
auf der Stirn (linke Seite)
auch er wird krabbeln
süße Mandelbrote essen
was zählt der Ort
in welchem All?
jetzt lasst uns schlafen

Donnerstag, achtzehn Uhr

W. hat das Spital verlassen
der Teerstuhl schreckt
aus der Müdigkeit winden sich Girlanden
aus der Angst wachsen Ungeheuer
im Zierapfelbaum turnt ein Spatz
das Verblühte fällt von allein
bin ich die Wunde oder ist es die Welt?
wieviel Verlass ist auf Behausung
Körper Witterung?
Pech hat nichts mit Pechnelke zu tun
der Zufallsengel nichts mit Zufall
er kommt zu seiner Zeit
und sei es zuletzt
am Brombeerhang die späten Beeren
vielleicht sollte ich Anlauf nehmen
einmal hinauf
um das träge Herz
um es aufzuwärmen
die Schlafzimmergebiete modern
die Telefone schweigen
ich bin ein verdunkeltes Zelt
Glück wäre mit Vater Mutter
und allen den Altweibersommer
anzulachen
dazu ist es zu spät
zur Straße hin zittert die Birke

Dienstag, sechzehn Uhr (Herbstanfang)

Endlich Regen gegen den Durst des Grases
grau stillt er Pilze Birken Kiefern
den Hohn der sommerfroh lachte
vorbei
das Licht wie verzagt
späht aus dem hinteren Kragen
nun denn
was würde Ilummiya sagen
die Sumererin aus dem dritten
Jahrtausend vor Christus
den reißenden wassern der flut
kann niemand sich widersetzen
wenn himmel und erde erbeben
kann niemand sich widersetzen
sagt es und fügt hinzu:
wie den einzelnen schilfhalm
beugt und beutelt er mich
biegt mich der Herr
aber ja, Schwester
aber Regen aber Wind
aber wir lassen es uns
unverwegen gefallen
bleib mir zur Seite
schweig nicht

Montag, dreizehn Uhr zehn

Die Blätter hängen an den letzten Fäden
ein Windstoß und sie segeln hinab
zu den raschelnden Haufen
Laub
braun
Eberesche Flieder Rebe
alles knittrig trocken
ununterscheidbar
braun macht den Tag
bis auf das Grün des Kirschlorbeers
im Traum hatte Vera schwarzes
Haar und liebte einen alten Maler
ich sah sein weißes Atelier
mit Farbvierecken an den Wänden
fein verteilt
ein Minimalist
er wartete auf sie
und dann
zog sie die Wollmütze vom Kopf
schenkte Tee ein
liebreizend
ich hatte mich totgeschlafen
es gab keine Jahreszeit mit
leeren Bäumen
nur ein Rinnsal Erinnerung
aber woran

Dienstag, achtzehn Uhr dreißig

Der Wind das unhimmlische Kind
und verrutschte Töne
etwas knattert (keine Fahne kein Gewehr)
unidentifizierbar
der Verdacht allein macht schon alert
wie der schwarze Hund auf dem Cover
von Bartis' Roman
Hund Wunde
morgen die Beerdigung
wir werden stehen frieren wir werden
unerträglich
nicht an die Wiederkunft glauben
Schnelldurchlauf des Lebens
dann fällt die Blume ins Grab
wir werden Abschied genommen haben
unbeholfen bei Wind
dann
frag nicht
kommt die Trauerfalle
von wegen Abholservice
Verbrüderung usw.
Trauer wie Trauer
das genügt
es braucht keine Auskunft darüber
es braucht keine Messungen
sie füllt aus was sie kann
wie Treibschnee

so wird es sein
das Haus voller Schnee
fast schon Glück

Dienstag, elf Uhr dreißig

Feiner Regen wo bleibt der Sonnenpinsel
auch in der Zeitung lacht keiner
Marine Le Pens abgebremstes Gesicht
und die Verzweiflung von Mamun Abdelkarim
der Syriens Kulturgüter zu retten versucht
zwischen Mission und Misserfolg
der unsichtbare Finger Gottes
oder so ähnlich
wir werden umgepflügt
geteilt vereint wieder geteilt
gespalten
die Gezeiten übersetzen wir
in eine blinde Sprache
und buchstabieren Zukunft
aus Zeitnarben
perniciously
aber liegt sie nicht im Ungeschriebenen
algorithmisch immun?
draußen verstreutes Licht
ohne Stundenmaß
Winterjasmin und
ein Zeisig mit seiner
Morgenbotschaft
sie gilt
kleine Kosung
gellt
wir sind nicht ausgestorben

DINGE

Achtunddreißig Grad
Stille und unverstaute
Gefühle ringsum

Die marokkanische Schale

Du hältst sie in der Hand,
sie füllt deinen Handinnenraum.
Glasierte Tonschale, weißlich
mit türkisen Zeichen, die
unbeschwert um das Rund
kreisen. Irgendwie flatternd.
Im Frühlicht halten sie still.
Wenn der Tag steigt, rufen
sie: Milch. Du wunderst dich
über das Gehabe. Und gibst
nicht klein bei. Wasser klingt
besser. Tee am besten. Der
grüne mit Minze. Die Schale
schaut dich an. Im Tee siehst
du dich selbst. Verzerrt. Dann
beginnen die Zeichen wie
Grillen zu reden. Durch den
Dampf erkennst du das
Zucken der Wortbüschel.
Die Handarbeit in Aktion.
Jedesmal diese Verwandlung.
Jedesmal bist du bereit.

Das Schlafzimmerbild

Kein Filmplakat, keine Madonna,
keine Landschaft, aber sie: die
schlafende Japanerin. Steht und
schläft, mit pechschwarzem Haar
und Spange, in tintenblauem
Rollkragenpullover, die Lippen
rot geschminkt wie für den Ball.
Doch so weit weggedriftet. Jetzt.
Ich schaue sie an hinter Glas, sie
sieht mich nicht. Der geknipste
Schlaf hält für immer. Ein sich
dehnender Moment voll Unschuld.
Und selig, auch das. Komm,
flüstert das Bild, was zögerst
du noch. Schließ die Lider,
entspanne die Züge, kehr ein
in die Ruhe. Jetzt. Ich folge dem
Ruf. Nachts, wenn die Schwärze
blüht. Ich liege und atme flach.
Lese das fadendünne Licht, das
durch die Jalousien rinnt. Still.
Und denke an nichts. Eins, fünf,
jede Zahl hebt sich auf. Jede
Angst zerrinnt in Luft. Hinter
mir schläft es. Sie ist schon dort.
Ausgeklinkt und verloren. Gute
Nacht. Da fällt mir ein, dass
ich ihren Namen nicht weiß.

Nie wusste. Sie bewacht mich namenlos. Eine junge Japanerin aus Kobe. Über dem Kopfende meines Betts. Wenn nur die Erde nicht bebt. Denn das Bild ist schwer. Es könnte mich spielend erschlagen. O ewiger Schlaf.

Die Puppe

Als sie plötzlich wiederauftaucht
aus den Tiefen des Estrichs:
ein Kaliber von Puppe. Mit
den Maßen eines Kleinkinds,
rosig, mit beweglichen Lidern
und rollenden Augen. Aufreizend
schön. Das Kleidchen aus Seide,
weiß, gebenedeit. Und Schuhe
aus Samt. Fehlen nur Schellen
an der Haube, wie klingende
Schneckenfühler. Unter der
Porzellanhaut keine Arterien,
die lackierten Poren trocken
und stumm. Ich will ihr Leben
einhauchen, drücke die Stirn
an ihre Stirn, zause den kleinen
Mund. Zwei Zähne oben, zwei
unten, wie Eis oder Hyalit. Ein
Luftzug streift ihre Wimpern,
doch sie weint nicht. Ich setze
sie auf die Sofakante. Draußen
die Phosphoreszenz des Schnees.

Der Schrank

Aus den Pyjamas, Hemden, Hosen
schlagen keine Funken. Kein Schädel
tritt aus dem Hut. Die Krawatten
sprießen wie Blütenstengel an der
Schrankwand, schon etwas erlahmt.
Grün und grau und getupft, leg die
Hand drauf. Sie erfühlt Seide, dann
Wolle. Und der Höcker auf dem
obersten Regal? Ich stelle mich auf
die Zehenspitzen. Vaters Ausgehmütze,
die gute alte. Wo bleibt er selbst. Die
Dinge zittern nicht, als wären sie
unerschaffen. Oder nein: eingeschlafen.
Im Kokon des Schranks. Dämmerung
über Jahre, die Lavendelbeutel längst
geruchlos. Die Stapel steif. Auch
Dinge können einsam sein. Ich
drücke mein Gesicht in einen tauben
Stoff. Topologie der Vergangenheit.
Rauh führt mein Atem den Kleidern
Wärme zu. Sie frieren.
Rasante Verwandlung. Wunder.
Auszug aus dem finsteren Nest.
Nur gibt der Wunsch klein bei.

Das Landschaftsaquarell

Als es der Mappe entsteigt,
sieht es sich schamhaft um.
Ans Licht gezerrt nach jahr-
zehntelangem Schlaf. Hügel,
Wälder, ein helles Tal. Ohne
Wege, Tiere, aber mit einem
Feldquadrat. Amön hingebreitet.
Und der gekritzelte Himmel.
Ich lese keine Erinnerungen,
imaginiere nur Moos zwischen
den Bäumen. Und Zaunkönige
mit schrillem Pfiff. Wildwuchs,
Pilze, alles da. Vielleicht. Und
ein unsichtbarer Spaziergang.
Wenn rohe Stämme sich auftun,
kommt das Fieber gekrochen.
Ergreift den Wanderer auf Zeit.
Der sich nach Narzissenwiesen
sehnt und leisen Auen. Was
hält ihn im Wald? Nicht die
Erdbeere, nicht das Reh. Er hat
sich verirrt. Und auf in die
Berge mit schwarzem Gesicht.
Das erzählt mein Aquarell
nicht. Es verschweigt den
Mann, das Morgenrot, den
hinfälligen Tag. Und rühmt

die Karpatenstille. Listiges
Bild, lieb Kind, zig Untiefen
entstiegen. Willst du mich?

Die Schachtel

Drei Rosenkränze, zwanzig
Heiligenbilder, fünf Gebetbücher,
fehlt die Wollmütze. Die hast
du doch gebraucht für eisige
Gottesdienste, Jolán. Ich sehe
dein eingefallenes Wangenfleisch,
die knochigen Hände. Fotos
trügen nicht. Oder doch? Dein
Beten rufen sie nicht wach. Und
die Knospen des Rosenkranzes
sind verschlossen. Vielleicht
warst du ein Singvogel, eine
Nonne, ein fernes Geheimnis.
Vielleicht hast du über Notizheften
gezittert und vor dem Kreuz in
der Theklakirche. Mit kaltem
Atem. Ich weiß es nicht. Die
Beichtspiegel schweigen, es
schweigt der Kerzenstummel.
Du hast geglaubt. Oder nicht?
Sonst wäre die Schachtel längst
zugeschneit und dein bettelndes
Haar verstreut. Aber nein. Grab,
Kranz, der Flügel des Engels.
So ruhst du dort, am richtigen
Ort. Niemand wird dich stören.

Die Weste

Rosa wie ein Bonbon.
Und mit silbernen Borten.
Mutter hatte noch keine
Brüstchen. Ein Kinderkostüm.
Sie stand da wie ein Junge,
ein Page. Die Quasten
hingen herab, sahen sich
die Beine an. Während
die Arme ruderten. Man
spielte Kostümball. Es gab
einen Harlekin. Und sie,
angehaucht und geschminkt,
hatte lodernde Wangen.
Jedes Nägelchen scharlach-
rot angemalt, um das Handgelenk ein Seidenband.
Belustigt stand sie im Gewühl.
Drehte sich ein wenig. Ging
kurz in die Hocke. Hallo!
Wo war der Himbeersirup,
die Milchschokolade, wo
Gyuszi, ihr Freund? Die
Hose zur Weste leuchtete
weiß. Der Kreis bewegte
sich mit halbem Rücken.
Wehende Kleider. Sie hatte
Lust, ihnen allen die Zunge
zu zeigen. Bin ich nicht

rosa, ihr Zwerge? Mit Fäden
aus Silberbrokat? Der Traum
schlug Alarm. Sie lachte
seitwärts, untröstlich.

Die Brille

Aus einem winzigen Etui
springt sie heraus: ein
Kneifer. Lebendiges
Metall mit Ösen, Bögen,
Schlaufen. Nierenförmig
die Brücke, die Gläser
oval. Ein Flaumgewicht.
Der es trug, fiel auf einem
Feld in Galizien, neunzehn-
hundertsechzehn. Schrecklich
jung. Der Krieg rasselte, für
Bücherlesen war keine Zeit.
Das Leben eine Fußnote.
Ich betrachte die Brille wie
ein frisch ausgeschlüpftes
Wesen. Findig liegt sie da,
wandert auf mein Gesicht.
Er, ich, dazwischen Epochen.
Und Blicke, die sich in keinem
Diesseits treffen. Wenn die
Gläser nur erzählen könnten.
Von einem einzigen Tag.
Von einer einzigen Nacht
im Arm einer Frau. Und von
Blumen. Ohne Diminutive,
ganz ohne. Ich habe ein Kälte-
gefühl, aber was Fahnengefühl
ist, weiß ich nicht. Und nichts

von Soldatengehorsam. Sein Herz hämmerte bis in die Fingerspitzen. Er spürte die hauchdünne Membran, die ihn vom Wahnsinn trennte. Der Tod kam trübe. Sag ich mir. Kam wie Herbst und siegte. Trüb sind die Gläser. Aber sie sind.

Das Reisetagebuch

Ein kleiner karierter Block
mit Spiralbindung, als hätte
es nichts Besseres gegeben.
Um zu notieren, was unterwegs
geschah, auf der Osterinsel und
bei den Beduinen des Sinai,
in einem indischen Kaff und
bei den Tempelkarpfen Kyotos.
Namen, Episoden, Zahlen,
schnell hingekritzelt auf einem
warmen Stein oder zwischen
Tür und Schlaf. Damit das
Gedächtnis weiterwusste, das
vergessliche. *Etwas Wurzel-*
artiges gegessen, das süßlich
schmeckte. Draußen hungrige
herrenlose Hunde. Hitze. Ein
müdes Blümchen klebt auf der
Seite, vertrocknet. Kostenloses
Souvenir. Blättern im Flüchtigen,
Mutters Hand ist nicht mehr, wie
der ganze Rest. Nur die Zeilen
wollen bleiben. Fiebrig vom
einen zum andern eilend, von
einer Zuckermelone zum Zeitungsverkäufer mit Tropenhelm, von
irgendwelchen Reliquien (*Gottes*
Haare) zu den Tonkriegern im

fernen China. Dazwischen lose Zettelchen, Kringel. Eine seltsam gezackte Marke. Nie verschickt. Was ist Leben. So kleinteilig gehortet. Zwischen Neugier und Altersflecken. Ich war da. Ich habe gesehen. Das war's.

BILDER

Wenn Farben sprechen
Linien Säume bilden
entsteht eine Welt

Und wie Wind

für Richard Tuttle

Windrose
Bullauge
Kilometerstaub

oder
Ohrfeige mit Pflaster
adorierender Berg
Malstrom, angeseilt

oder
Maserung
Farbe
Form

verschoben
verdoppelt
in Korrespondenz

das Holz fließt
das Rot stockt
das Weiß flieht

und wie Wind
im Quadrat

Aquatische Heimkehr

für Regine Walter

An das Wässrige kann man sich
nicht klammern, an das Zerfließende,
Zerstäubende, Veschwimmende,
an die Flecken mit zitternder Kontur,
mit Tröpfcheneingeweiden,
pointillistischer Frisur,
an das mikrobische Nass
in nicht fassbaren Farbtönen,
du sagst braun, ich violett,
und dazwischen Grau
voller Schattierungen.
Flüsse, Mäander, Wirbel,
aquatische Landschaften.
Zerrinnende Spuren
von Schatten, angerauht.
Aber da sind Ränder, gezogen
von ordnender Hand,
die Einhalt gebieten. Stopp,
schau, ich bin dein Rahmen.
So liegt ein Blatt auf dem
Tisch, nicht fordernd, nur Halt.
Soll der Mond taumeln,
die Lagune steigen, egal.
Halt ist, wo das Rechteck
bändigt. Sich das Fließen
einverleibt. Zarte Konvergenz.

Also heim ins Teebraun.
Mit seinen Säumen verheißt
es Ruhe, Raum.

Naturgemäß

für H. C. Jenssen

Vielleicht Brandung mit einer farbigen Steinreihe.
Dahinter Wasser, hell oder dunkel wie Tinte,
schäumt und atmet alle Nuancen von Licht.
Anderswo knäueln sich die Farben, bilden
weiche wollige Wesen. Oder zerfasern im Raum.
Wuselnde Tupfen in Blau, Ocker, Grau, die
sich zanken und zausen vor lautem Strichgewitter.
Aber da rötet sich ein Ball, mutiert zur Purpurrose,
und wir ahnen ein Bukett. Blumen schweben
oder nicht, Blumen. Wie Mohn und umgeben
von wogendem Tanz. Schwimmt hier ein Fisch?
Blüht dort ein Feld? Ist das zum Sechseck geordnete
Spiel eine Spiegelung? Etwas reibt sich, etwas
berührt sich. Das Auge dringt fragend in diese
Natur. Sucht ihren Grund. Und sieht: er ist
Oberfläche. Und sieht: er ist Schlund.

Drei Etüden

für Andrea Alteneder

I

Zum Beispiel Grau. Und Grau und Grau. Und Grau.
Und keines wie das andere. Abstufungen, Abtönungen.
Ganze Skalen (Zeilen) von Grau, als ob die Farbe sich
Schritt für Schritt veränderte. Ein Fingerbreit Aschgrau.
Ein Fingerbreit Mausgrau. Ein Fingerbreit Blaugrau.
Ein Fingerbreit Bleigrau. Und weiter. Bis ins Anthrazit.
Oder jäh ins Helle. Auch Weißgrau ist eine Option.
Aneinandergereihte Farben. Farbrechtecke. Nagelgroß.
Ein imaginäres Farbklavier. (Jede Farbe ein Ton.) Und
bitte üben. Kein Tag ohne Exerzitium. Die Suche ruft,
jeder Pinselstrich schlägt zu Buch. So viele schon.

II

Aus diesem Grau leuchtet es rot. Da und dort und oben links und unten links und verteilt und. Ein rotes Zischen, Strukturanklänge. Die Farben sind nicht allein. Schälen sich aus ihren Schichten, gerinnen. Und bilden einen Konnex. Mit der schimmernden Halbfarbe, der verdeckten Andeutung. Das bebt. Das steht nicht so da, säuberlich gefügt. Das bebt. Die Farbhäute haben Leben. Regen sich. Das Auge folgt ihrer Naht. Ja. Der Finger spürt Fährten auf. Kleinstbuckel, Kanten, Dellen. Tropfen. (Hat wer geweint?) Da und dort eine stumme Fläche. Still, stumm. Und im Abstand: *Quelle belle grisaille.*

III

Sich verkriechen ins Blau. Es tiefer und tiefer fassen,
es ausloten. Ganz. Mit seinen Strähnen, Strömungen,
Flecken. Seinem irisierenden Glanz. Und sieh mal: Blau
ist nicht Blau. Aus welcher Urschicht tauchen sie auf: die
helleren Chimären, die braunen Tatzen, tanzendes Gewölk.
Gut gruppiert in diesem einen Moment, der nicht weiter will
(oder kann). Es blaut, aberwitzig meerisch, nuancenreich.
Und was heißt hier: pastos? Dass der Pinsel Schwung hat
bei seiner rastlosen Schichtungsarbeit? Weggekratzt gibt
die Farbe eine andere frei. Bis hin zum Leerstück, dem
Grund. Den es nicht zu ergründen gilt. Nein.

Licht. Lumen

für Inge Dick

Wenn das Weiß eine Spur unweißer wird.
Wenn das Weiß zehn Minuten unweißer wird.
Wenn das Weiß zwanzig Minuten unweißer wird.
Wenn das Weiß dreißig Minuten unweißer wird.
Wenn das Weiß vierzig Minuten unweißer wird.
Wenn das Weiß fünfzig Minuten unweißer wird.
Wenn das Weiß tut, was das Licht weiß.
Wenn das Licht wandert.
Wenn das Weiß sechzig Minuten unweißer wird.
Wenn das Weiß siebzig Minuten unweißer wird.
Wenn das Weiß bläulich wird.
Wenn das Weiß unwissentlich bläulicher wird.
Wenn das Weiß um Grade bläulicher wird.
Wenn das Weiß noch zögert, in Blau überzugehen.
Wenn das Weiß um Minuten weißer wird.
Wenn das Weiß nicht weiß, wie ihm geschieht.
Wenn das Weiß fast im Weißen angekommen ist.
Wenn das Licht wandert.
Wenn das Weiß unmerklich bläulich wird.
Wenn das Weiß unaufhaltsam bläulicher wird.
Wenn das Weiß von seinem Weißsein Abschied nimmt.
Wenn das Weiß sich in Blau verwandelt.
Wenn das Weiß sich in zartes Blau verwandelt.
Wenn das Weiß sich in wasserhelles Blau verwandelt.
Wenn das Weiß sich in türkisfarbenes Blau verwandelt.
Wenn das Weiß sich in Indigoblau verwandelt.

Wenn das Licht wandert.
Wenn das Weiß blau wie Tinte wird.
Wenn das Weiß blau wie die Nacht wird.
Wenn das Weiß im Dunklen angekommen ist.
Wenn das Weiß im Fastschwarz angekommen ist.
Wenn das Licht.
Wenn kein Licht.
Im Anfang war das Licht.

Sonnen

für Shizuko Yoshikawa

I

Am Anfang ist das Rot.
Als Rund, als Segment, als Dreiviertel-Kreis.
Rot aus zig Farben. Flackernder Stoff.
Magma und Feuerball.
Ein pulsierendes Etwas, gebändigt
durch die Form, gefasst.

II

Fassung wahren?

III

Gibt es eine Urfassung des Versuchs?
Der tokiotischen, pardon, römischen Sonnen?
Einen ersten Untergang für den Übergang?

IV

Die Sonnen säen sich in den Raum.
Kuppeln von Blatt zu Blatt. Papier.
Auf das die Erregung sich überträgt.
Der rapierscharfe Schmerz.

V

Fingerfühler, Pinsel und die Geduld der Tupfer.
Sehen! Auferstehen!
Verstehen das Leben.

VI

Im Rund.
Im Gitter der Kreuze.
Schwebt die Geometrie. Bebt.
Mit losen Enden. Mit leeren Mitten.
Und skandiertem Schwarz.

VII

Aber die Berührungen, sublim!

VIII

Es gibt das Brodeln der Farbmasse
und die Ordnung der Zeichen. Ohne Symmetrie.

IX

Sequenzen.
Tägliches Brot.

X

Von Rot zu Rot,
von Nuance zu Nuance.

XI

Im Austarieren der Tönungen
ein Gleichgewicht finden.
(Sonnentrauerarbeit.)
Und noch. Und anders.

XII

Kreide auf den körnigen Revieren
des Römer Papiers.
Wie lange noch?
Bis das Herz Fuß fasst,
bis die Hand ablässt
im Licht des Zimmers.

XIII

Bis es Nacht wird.
Am violetten Ende ein Mond aufgeht,
zuverlässig rund.
Und der Wald der Balken ruht.
Der Himmel.

XIV

(Genug, sagt die Stimme.)
Wie?

XV

Das Geschehenlassen gibt es. Und die Form.
Den Impuls gibt es. Und die Geduld.
Die Imperfektion gibt es. Und den Wunsch nach Vollkommenheit.
Die Energieströme gibt es. Und die Leere des Blatts.
Den Morgen gibt es. Den Abend und die Nacht.
Das Davor gibt es. Das Jetzt und das Danach.
Den Tod gibt es. Den Tod und seinen Gegenpart.
Die Natur gibt es. Unsern Halt.
Das Vertrauen gibt es. Und die Gestalt.
Die Frage gibt es. Die Farbtöne und die Hand.
Die Ordnung gibt es. Den Zufall und den Anfang.
Die Suche gibt es. Den Zweifel und den Drang.
Die Vollendung gibt es. Als Mangel, der sich nicht verbraucht.
Und die Zeit.

XVI

Die heilt durch die Sonnen.

HOMMAGEN

Freundschaft ist Treue
schickt Zeichen aus aller Welt
scheut keine Grenzen

Der Spiegel

Hommage an Andrej Tarkowskij und seinen Film

Sind Zäune Kindheit? Rauh, grau,
aus Holz und immer da, wo die Wiese
anfängt, der Wald. Es flimmert vor Grün,
die Büsche schwanken, das Gras, im
Wind. Wind, ja, er kommt und geht, jäh.
Er kippt die Gefahren, von anderer Hand.
Ist einer weggeblieben?
Am Rande des Hauses der Zaun, mit
wehem Ausblick. Und wenn Verstand
und Erwartung nicht weiter wissen,
bricht er ein, der morsche Geselle.
Wo er stillhält, ist Zeit. Tief wie
ein Brunnen. Die Käfer rascheln im
Laub, Buchseiten rascheln, ungefragt.
Und Träume gehen aus und ein, mit
Trauerrändern. Es brennt! Vater im
Krieg! Mutter wäscht ihr Haar, als
zöge sie es aus einem fernen Zuber.
Es regnet Haare. Und keine Fanfaren
weit und breit.
Nur Fragen. Wie weiter, wo, mit wem.
Das Kind schaut. Sieht Wiese, Wald,
Wind. Verzieht das Gesicht nicht zum
Weinen, noch nicht. Das Alleinsein hat
Marotten, Mutter winkt, das Kind isst
sein Spiegelbild. Schneller als schnell

versinkt das Grüne im Schwarz. Und
schweigt aus langen Fluren.
Sind Bilder wildernde Rätsel, Siegel?
Skandieren sie die Erinnerung? An
ein Damals, das Heute ist, hin und
zurück? Sie taumeln ineinander, Schnitt
für Schnitt. Das Gewoge des Walds in
den Schritt von Soldaten. Mutters
Augen in ausufernden Schmerz. Und
die Schatten der Zäune und Leonardo
da Vinci und die Hornhaut des Himmels
in Kältemetaphern.
Zur Wärme fehlt immer einer. Dessen
Stimme durch die Bilder tönt: *Ich
verließ Familie und warmes Heim.
Und graues Haar empfing ich wie
Rauhreif früh. Und eigenes Lachen und
eigenes Leid hör ich als verhallendes
Echo von weit.* Der Vater. Keiner wie
er weiß, dass Russlands Wörterbuch
ewig den Tod verkündet.
Wenn es weiß-weiße Tage gibt,
dann riecht der Schnee *süß wie auf
dem Schlachthof.* Wenn es Liebe
gibt, dann ist sie Lüge und Lebwohl.
Wenn es Regen gibt, dann stillt ihn
kein Wort, wischt ihn kein Tuch fort.
Wenn es ein Lied gibt, dann schleift
jede Zeile das Messer im Gedicht.
Wenn es eine Familie gibt, dann
erscheint der Erwartete nicht am Tisch.
Wenn, dann.
Das Kind trinkt taubengraue Milch.

Es lauscht den Gräserwurzeln und
der Sprache der Vögel. Wie ein
Welpe schwimmt es durch den
Weiher, ein kahl geschorener Wicht.
Und hängt am Rock der Mutter, bis
er bricht. Da fliegt sie schon, fliegt,
schwebt unterm bröckelnden Putz.
Wer hat diesen Alptraum hingekriegt.
Noch folgen Nächte auf Nächte,
Bilder der Angst. Verschobene Bilder.
Mit maroden Räumen, geträumter als
fast. Mit Türen, Hintertüren, in die
Keller des Schreckens. Vermaledeite
Zeit, die noch das Heile sprengt. Schwer
kommen die kleinen Freuden gegen sie
an. Katze, Buch.
Aber wir? Treiben durch die Bilder,
die Spiegel der Spiegel, von Zaun zu
Traum, von Kind zu Kind. Schauen
Gedächtnisschleifen. Trauen den
Sinnen, im Zickzack der Zeit. Schlägt
das weiße Huhn mit Jenseitsflügeln?
Leuchtet der Lapislazuli am Ohr der
Schwangeren aus Menschlichkeit?
Hat das Glück ein Säuglingsgesicht?
In den Wickeln des Lichts klingt
Bachs Passion schöner als jeder Wind.
Und die Einsamkeit bekommt Farbe.
Mutter, Sohn. Angrenzend der Zaun,
der Wald. Damit lässt sich Friede machen,
am Ende aller Sehnsucht. Wenn die
Kindheit lebendig ausbuchstabiert ist.

Ich möchte dir über den Schnee schreiben

für Friederike Mayröcker

Ich möchte dir über den Schnee schreiben,
wie er flockt oder kristallin ruht als helle Fläche.
So ein Daunenweiß, der Blick geht weit, geblendet,
aber wehrt sich nicht, nein. Das Weiß ist zumutbar
mit seinen feinen Dellen (Wellen) und Fuchsspuren,
ganz kontinental.
Stille. Kein Pfeifen, die Vögel unbeirrt da, nur
ungesehen, ritzen die Luft. Und dann doch der
Kleiber: ich bin. Unverhofft, ohne Kasuistik.
Denn egal ist, wer oder was. Der Schnee macht
keine Unterschiede. Dem Hochmut dreht er
eine Nase.
Er fällt, er wird mehr werden, liegen. Ich möchte
dir zeigen, wie unverstiegen weiß alles ist: der
Garten, die Milch, die Mützen der Kinder. Und
das alte Geäst.
Schneeschäufelchen. Schneehuhn. Schneeadoleszenz.
Ein Reiter weiß nicht weiter oder nur halb. Gekapert
in Schneewehen hält er Ausschau. Es könnte zärtlich
werden, was von oben kommt. Kalt.
Frierst du? Ich schreibe Winter, weil die Tageszeilen
(Wetterwinde) es wollen, aber nicht nur. Schnee
macht verrückt nach mehr Schnee, und Weiß nach
Nichtwissen. Mit diesem Nicht sind wir legiert.
Irgendwie leuchtend eins. Und schon heiser, vor
Durst.

Überlies, dass der Schnee keine Nachkommen hat. Ein vernähter Satz. Aber nachts, in seiner starren Geruchlosigkeit, ist er schön. Und so unangefeindet. Ein bisschen zeitlos, ein bisschen Jesulein. Noch ist er niemandem zu Kopf gestiegen,

Langweile ich dich mit meiner Einsilbigkeit? Doch was verdient er anderes als diese eine Silbe? Schnee. Deutlich, undeutlich, zink-, kreide-, bleiweiß und frei. Ich meine geduldig. Er vergeht, wann er will. Hier, hinter der Brücke, auf dem Berg, *cette neige d'antan*. Während du (im Kokon oder nicht) deine Blüten webst, ich meine Melodien.

Jetzt scheint die Straßenlampe auf sein Weiß. Wie Salz, denke ich, wie Salz, streck die Zunge raus und koste ihn. Bevor er schmilzt. Und das Schneeblond gewesen sein wird.

Vor dem Unbestechlichen hab ich keine Angst. Die Kälte steht, die Flocken fallen. Noch. Und langsamer als fast. Der Puls schlägt lautlos an meinem Handgelenk. Lautloser ist nur er. Funkelnd in der Nacht.

Du glaubst mir nicht? Bei Minustemperaturen? Und wie die Tiere beieinander hocken? Völlig fahrplanlos. Sie knistern mit den Pfoten. Wer wacht, der wacht.

Nie hab ich einen Schneehasen gesehen. Sibirien ist weit. Im gemischten Chor nordischer Wälder verbirgt er sich vielleicht. Doch die Schneeengel, sie winken. Geschwisterlich. Du kennst ihre leeren Gesichter. Den Flügelflitter. Kenne ich dich?

Es ist spät. Eben glaubte ich: Schnee und Mond. Aber ich irrte mich. Er fällt. Er rieselt aus Frost und Dunkel. Bald ist er schwarz. Die Sperlinge?

Das Schieferdach? Eingeschneit. Für verwüstete
Ohren kehrt rettende Ruhe ein.
Die Formen verweht, ja. Auge und Sinn taumeln
weg. Querfeldein möchte ich nicht unterwegs
sein, jetzt.
Soll ich dir die Nacht beschreiben? Samtpfotig,
jäh. Und wie sie über den Schnee kam. Und er
über sie, egal. Sie sind draußen, ich im Haus.
Ununterscheidbar still wir alle. Und nichts, was
weitertreibt. Einfalt der Glieder, würdest du sagen.
Nur im Bett liegen. Die Pulsnadel fliegt.
Auch Schlaf ist ein Einsilber. Und trauter als
zerbrochener Schnee.

Doppelbelichtung

für Péter Nádas

Bansin, Hotel Atlantic, Zimmer 21,
vor mir der hellblonde Ostseestrand.
Die weißen Zeilen der Wellen rollen
heran, versickern im Sand. Eine nach
der anderen, gelenkt wie von höherer
Hand. Und Wind, Nordostwind, rauh,
kalt, ohne Unterlass. Wer geht, stemmt
sich dagegen, mit schrägem Körper,
den Kopf gebeugt. Ich sehe sie, die
Paare, genau diagonal, zwei von links,
zwei von rechts, dazwischen ein Hund.
Ziemlich unfroh, verfroren. So kämpft
man gegen die Unbill, mit stockendem
Atem. Doch sie kommen voran, kreuzen
sich, grüßen nicht. In schwarze Parkas
gepackt, Kapuze, und zugeschnürt.
Durchs Fenster beobachte ich die
geräuschlose Choreografie. Wie sich
Menschen verschieben am Wassersaum,
klein, leicht verzweifelt, doch nicht
bereit, die Meernähe aufzugeben. Das
Blau hat sie angelockt, das seine Farbe
wechselt, schon ist es grau und braun,
der Sturm im Anzug. Aber Freiheit will
verdient sein: wir sind am Meer, wir
sind.

Während Kristóf sich durch die dunklen Büsche schlägt. Kein weiter Horizont, kein gar nichts. Er sucht, er flieht, er verheddert sich. Das Ich so spitz wie der Zaun, der ihm die Knie aufreißt. Lauter Typen auf dieser Nachtinsel, schräge Gaffer, lüsterne Gesellen. Die lauern hinter Sträuchern, Bäumen. Wo bleibt der Riese? Weg hier, die blutende Wunde leckt ein zugelaufener Hund, ein hungriger Köter, und drüben die Mülltonnen des Hotels. Erbarm dich, füttere das Vieh. Kristóf tut es, er kennt den Weg. Ein großes Untergeschoss ist die Welt, eine lange Hundezunge. Das Tier frisst, soviel Glück hatte es noch nie. *Wie gelber Tau* fällt der Widerschein der Stadt vom bewölkten Himmel. Im Pissoir aber sind sie alle, heiß und geil, mit gereckten Schwänzen. Wer hätte gedacht, dass die Sehnsucht so *vor Gottes Angesicht gelangt*. Pissen, schnaufen, stöhnen, fröhnen der Lust. Sie grinsen mit ihren wahnwitzigen Zähnen, Kristóf ist umstellt. Und weiß von allen Seiten: jetzt oder nie. Dann Lippen, Pimmel, Stille, Lendenwärme. Die Zunge raunt: *Lust ist wohl ein Beiname Gottes.*

Und seh ich auf vom Buch, rennt ein Junge übern Strand, in gelber Pelerine, klatschnass. Er hat Meer gekostet. Und will noch mehr. Nur aufgepasst. Die

Möwen kreisen mit gellenden Schreien. Weit draußen ein Schiff, weißblinkend am Horizont. Das Licht zeichnet Streifen, grelle und andere, fortwährend neu. Und wenn ich das Fenster öffne, riecht es nach Tang und Jod. Mein Herz gibt Entwarnung. Brandung, Insel, alles im Lot. Ich brauche keine Gnade, nur dass die Not diesen Ort, diese Stunde, die Schönheit des Riesen verschont.

TRÄUME. WÜNSCHE

Im Traum das Kosen
eine Hand die nicht zögert
so urerfahren

Traum

Plötzlich kauerte sich der Mann in eine Ecke,
holte sein Instrument hervor
und spielte.
Ich sah seine Finger auf den Saiten
des *Oud*,
er war glücklich.
Das Gesicht kam danach,
der Blick.
Weil ich so reizvoll bin,
sagten die Augen.
Wir schauten uns an,
wir schauten.
Warum ich mich nicht entblöße.
Das klang angenehm,
wie ein hängender Vers.
Ich kreuzte die Arme über der Brust.
Er spielte.
Es war eine Nacht ohne Phobien.
Draußen schliefen die Berge.
Alles gut.
Als er aufstand, nannte er sich
einen Syrer.
Er war wie eine zarte Hochzeitsfigur.
Wer hatte ihn mir prophezeit?
Keine posthumen Küsse,
sagte sein Mund.
Ich vergaß die letzten nahen Verwandten,
was mich verband und nicht verband.

Ich wartete.
Fremd holte er mich
heim.

Meerwärts

Den Flüssen, den Flüssen
geh nach, den Quellen und
dem Strom, der meerwärts zieht.
Geröll, Gefälle, und du folgst,
schöpfst mit der Kelle Wasser
und Schlamm und einen Fisch
in der sandigen Bucht. Ein
Irrwisch bist du, und der Weg
so lang, so unkartographiert
von hier bis Yunnan oder weiter.
Das Meer kann gelb sein oder
schwarz, weiß oder rot,
persisch, pazifisch, indisch
oder marmoriert in allen
Weltfarben. Wenn du ankommst,
heißt es dich willkommen,
wäscht dir den Staub vom Gesicht,
den Schweiß der Reise und die
Rastlosigkeit. Du kennst dich
nicht mehr. Wanderling bist
du, Ruf und Huf, dein eigenes
Reittier von seltsamer Rasse.
Bis das salzige Nass dich
ungefragt aufnimmt. Ein
gnädiges Ziel.

Sieben Wünsche

Genau sieben sollen es sein,
fröhlich wie eine rotgepunktete Pelerine.
Die Wolken spielen Zuckerwatte,
der Wind kräuselt die Dachbirken,
Griechenland steht vor dem Bankrott.
Ich bitte um Rettung (Wunsch eins),
um die Verzweigung der Vernunft
(Wunsch zwei), um den Machtwechsel
der Verzweiflung Richtung Möglichkeit
(Wunsch drei). Keine Asche auf Häupter,
nur Oberwasser (Wunsch vier). Statt
Karambolagen Kapitäne (Wunsch fünf),
statt Exit We Make it (Wunsch sechs).
Der siebte geht an den Himmel, wo
die Schwalben verfassungswidrig
herumalbern, die Schwalben.

Kleine Eloge der Zärtlichkeit

Mit der Fingerkuppe über eine Wange fahren,
über ein Blütenblatt streichen,
die Borke eines Baumes berühren.
Wasser im Handteller sammeln und es
langsam zwischen den Fingern hindurchrinnen lassen.
Den Finger in Eigelb tunken, damit vorsichtig einen Teig bestreichen.
Nase an Nase reiben, dazu den passenden Zauberspruch aufsagen.
Den Nacken des Kindes streicheln, seinen feinen Haaransatz.
Barfuß über einen Seidenteppich gehen.
Das Fell des alten Hundes kraulen.
Die chinesische Porzellantasse küssen.
Sich nackt ins Moosbett legen.
Zerknittertes Seidenpapier glattstreichen.
Auf dem Klavier leise einen C-Dur Akkord anschlagen.
Die Rosen häufeln.
Mit dem Zeh die Kniekehle des Freundes kitzeln.
Seinen Rücken massieren.
Zuckerwatte schlecken.
Bartstoppeln betasten.
Die kleine Fingerwunde sauberlecken.
Schuppen von Mutters Mantelkragen abschnippen.
Den flaumigen Pfirsich liebkosen.
Die Sichel der Nagelkuppe ins Mehl drücken.
Winzige Muscheln aus dem Sand klauben. Sie blankreiben.
Das Perserkissen tätscheln.
Eine Blume auf die beschlagene Scheibe zeichnen.
Aus heißem Kerzenwachs Kugeln kneten.
Den fremden Alten an der Hand über die Straße geleiten.

Vogelfutter streuen.
Die Schneeflocken auf dem Gesicht zergehen lassen.
Lichthasen fangen.
Den japanischen Pinsel zausen.

Gedicht gegen die Angst

Streichle das Blatt
küsse den Hund
tröste das Holz
hüte den Mund
zähme den Kamm
reime die Lust
schmücke den Schlaf
plätte den Frust
neige das Glas
wiege das Buch
liebe die Luft
rette das Tuch
schaue das Meer
rieche das Gras
kränke kein Kind
iss keinen Fraß
lerne im Traum
schreibe was ist
nähre den Tag
forme die Frist
lenke die Hand
eile und steh
zögere nicht
weile wie Schnee
öffne die Tür
lade wen ein
schenke dich hin
mache dich fein

prüfe dein Herz
geh übers Feld
ruhe dich aus
rühr an die Welt

Nachwort von Aleš Šteger

Es gibt eine Atemwelt, eine Wortwelt, eine Welt, in der Laut, Rhythmus und Bild eins sind. Sie ist allgegenwärtig, aber zugleich verhüllt. Jemand muss sie aufdecken, ans Licht und unter die Menschen bringen. Wer? Eine Archäologin des Lichts, eine Seiltänzerin über den Abgründen des Inneren, eine Erlauscherin der Musik der Wortsphären. Wir befinden uns auf intimem Territorium, auf Reisen durch Erlebtes, Erblicktes, Erlauschtes. Doch was heißt Intimität? Wir reisen durch eine Landschaft, die als solche einfach da ist. Wobei das Wunder und Rätsel der Poesie darin besteht, dass sie gerade dieses Bild oder jenen Laut auswählt, und dass das Ich fremd wird, sobald es versucht, »ich« zu sagen.

Sprechen wir also nicht von Intimität, sondern dem einzig Möglichen, Unausweichlichen, das dem Schreibenden, der das Wagnis des Gedichts eingeht, keine Wahl lässt. Dieses Mögliche ist ein Chaosmos, Chaos und Kosmos zugleich, es pulsiert, es kann alles und nichts zugleich sein. Etwas Konkretes, das sich der Festlegung gleichwohl entzieht, durch den Schreibprozess aber kaleidoskopisch und schwebend leicht wird. Womöglich ist es das Streben des Gedichts nach Klarheit, das die Poesie zur letzten Bastion der Utopie macht, der Utopie als einem absoluten Horizont des Sagbaren. Womöglich kann man deshalb den Akt des Schreibens nicht von Hoffnung trennen.

Das Ich in diesen Gedichten, was will es von mir, dem Leser? Will es von etwas zeugen? Will es Vergangenes, Vergehendes vergegenwärtigen? Vielleicht möchte es nur sein, eine Art von Präsenz entwerfen, nein, nicht entwerfen, wiederfinden, im-

mer aufs Neue finden, eine Präsenz, deren es sich nicht ganz bewusst ist. Oder genauer: deren Bewusstsein sich erst nach der Niederschrift der Worte einstellt.
Licht. Das Auge sieht. Es sieht ein Leben mit der Genauigkeit eines Aquarells, in dem Farben ineinander fließen und unscharfe Konturen zum Erkennungsspiel einladen. Das Gedicht will es aber immer ganz genau haben, und Ilma Rakusas Gedichte wollen es besonders genau haben.

Das Auge dringt fragend in diese
Natur. Sucht ihren Grund. Und sieht: er ist
Oberfläche. Und sieht: er ist Schlund.

So heißt es im Gedicht »Naturgemäß« aus dem Zyklus »Bilder«. Das Abgründige ist in diesem Buch aufs Engste mit der Zeit verwoben. Es ist gemacht aus Zeit. Was aber ist Zeit? Auf der einen Seite die Berührung mit Vergehendem und Vergangenem, mit Sterbenden oder mit Dingen, die noch den Geruch vergangener Präsenz tragen. Zeit gibt es so lange, wie sie haptisch, sinnlich erfassbar ist. Auf der anderen Seite ist Zeit pure Abstraktion, ein Konstrukt, das sich in Luft auflöst, sobald man in den Gedichtraum eintaucht und dort seine Erkundungsreise beginnt. Selbstverständlich kennt das Gedicht auch eine eigene Zeit, einen Ablauf, der sich auf einer inneren Zeitfalte bewegt und aufhebt. So wird das Licht des Anfangs im Gedicht »Licht. Lumen« zur Dunkelheit, die nicht dazu da ist, um eine weitere Seins-Metapher zu bilden, sondern um die Zeit, den Countdown, der bei Ilma Rakusa ein Countup ist, aufzulösen:

Wenn das Weiß im Dunklen angekommen ist.
Wenn das Weiß im Fastschwarz angekommen ist.

Wenn das Licht.
Wenn kein Licht.
Im Anfang war das Licht.

Zwischen »kein Licht« und dem Anfangslicht gibt es nichts außer einem weißen Zeilenbruch. Die Magie des Bruchs führt in ein auf den ersten Blick übersichtliches und scheinbar logisch vermessenes Gelände, das in Wirklichkeit aber porös und unvorhersehbar ist. Es klafft räumlich und zeitlich, als Leser verschwindet man darin unmerklich wie in einem Karst-Fluss, um an einem ganz anderen Ort, zu einer ganz anderen Zeit wieder aufzutauchen. Und das alles geschieht mit Musik, orphisch.

Was aber passiert bei diesem Verschwinden und Wiederauftauchen? Ein Heilungsprozess? Ein Prozess der Sonnentrauerarbeit? Ein Lichtprozess? Oder ein Verlangsamungsprozess? Wenn langsames Licht die Fähigkeit meint, die Geschwindigkeit eines Lichtpulses kontrolliert zu verändern, so ist das Medium der Poesie dazu da, Licht auf Dauer zum Stillstand zu bringen. Es ist das unscheinbare Ich, das hier die Imprimaturerlaubnis erteilt, aber erst, nachdem ein alchimistischer Prozess stattgefunden hat, bei dem die Elemente zu Namen geworden sind, zu Licht- und Zeitnamen:

was hinter den Namen wartet
weiß ich nicht was das Gemäuer
hütet ist mir verborgen
der Moment hat keine Meinung
er leuchtet und nimmt mich
freimütig auf bis ich merke
er hat mich umgetauft
Impressum: langsames Licht

Wie oft werden wir umbenannt im Leben? Was ist die Taufe? Eine Namensgebung und zugleich ein Eintauchen in Wasser, in dem Licht bis auf die Hälfte seiner Ursprungsgeschwindigkeit von 300 000 Kilometer pro Sekunde verlangsamt wird. Taufe ist aber auch das Auftauchen in die Poesie, wo Licht zum Stillstand gebracht wird, sowie ein Eintauchen ins Leben, eine Bindung an eine Struktur, die in diesem Buch keine religiöse ist. Wenn das Wort Religion fällt, dann höchstens als Kult der Kunst und des Gedichts, dessen einziges Ritual im Nennen und Umbenennen besteht, dem auch das Ich unterworfen ist.

In diesem lichten Buch wird nicht Theater gespielt, gibt es keine Spotlights, nur Erlebtes. Dennoch musste ich als Leser immer wieder an ein Magierkunststück denken, wo jemand in einen schwarzen Kasten gesperrt und der Kasten dann mit Dolchen von sieben Seiten durchbohrt wird. Der so durchbohrte Kasten, aus dem meist nur Kopf, Arme und Beine der eingesperrten Person herausragen, wird prüfend herumgedreht und die Dolche werden wieder entfernt. Und schon kommt das Durchbohrte unversehrt zum Vorschein. Ilma Rakusas Gedichtband ist so ein magischer Kasten, die sieben Teile des Buchs durchschneiden die Realität von verschiedenen Seiten, aus verschiedenen Sprach- und Erfahrungswinkeln, mit dem Wunsch, dass am Ende kein Ende sei, dass das im Kasten befindliche Leben unversehrt sei. Unversehrt, aber gleichsam neu gesehen.

Jeder der sieben Teile spricht eine eigene Sprache – jeweils anders der Blick, die Perspektive, das Licht. Auch die Formen variieren, vom Elfzeiler zum parlando- oder litaneienhaften Gedicht, bis hin zu Gedichtzyklen. Allen Teilen vorangestellt ist ein Haiku, und die sieben Haiku-Motti machen im Grunde einen stringenten achten Zyklus aus. Aber das ist »nur« ein fast beiläufiger eleganter Fingerabdruck, die Art von feinfühliger Genauigkeit der Ilma Rakusa. Nur? Solche Genauigkeit ist Teil einer Sprachsuche, die einer profunden, Schlünde und Abgründe erkundenden Ethik des Gedichts entspringt.

Der Auftakt, der Aufbruch, die Gemütsintonation sind die blauen Melancholien des ersten und zweiten Teils. Wir gehen hinein und zurück und weiter in die Gezeiten, hinein ins Weiß, in den Lebenswinter, in die Abschiede, hinein ins Abgelegte und Zurückgelassene. Liest man die Titel der Orte-Gedichte im Inhaltsverzeichnis, erscheinen die Titel selbst als eine Art Litanei, eine Gedichtform, die für dieses Buch wichtig ist und die mit vielen poetischen Traditionen des mittel- und osteuropäischen Raums korrespondiert, dem Ilma Rakusa entstammt. Die Litanei mit ihren Aufzählungen ruft auf den ersten Blick die Vergangenheit herauf, die im Melancholien-Zyklus häufig explizit benannt wird. Doch zugleich haben Litaneien bzw. Listen eine genau entgegengesetzte Funktion, nämlich die der ekstatischen Realitätsvergewisserung und Daseinsbekundung. Aufzählungen sind eigentlich immunitätsstiftende Verfahren gegen den Tod und das lineare Zeitverständnis, indem sie das Vergangene nicht aus dem Gedicht ausgrenzen, sondern es einbeziehen und zu einem Komplizen bei der Abwehr bedrohlicher Vergänglichkeit machen.

Seit Beginn meiner Leseexpedition durch dieses Buch hatte ich eine sehr persönliche bildliche Assoziation. Diese hat nicht direkt mit den Gedichten zu tun, bezieht sich weder auf ein Zitat noch eine Anspielung (oder vielleicht doch?), sie ist ein privater Meridian, der sich von Ilma Rakusas melancholischen Gedichten zu den »My Father's Coat« betitelten Fotos des Schweizer Fotografen Robert Frank zog. Auf den Fotos sieht man den Mantel von Franks verstorbenem Vater und die lichtüberfluteten Blattspitzen einer Agave. Die Erinnerung an diese Bilder vermischte sich für mich unauflöslich mit den Zeilen:

… Aber Gerüche gibt's wie in den
Küchen der Kindheit: nach geröstetem Mais
und gerösteten Mandeln. Der Wind trägt
sie landeinwärts. So geht sich's langsam.
Auf ab. Mit wehendem Mantel.

Das Auf-und-ab-Gehen, das melancholische Benennen von Abwesendem: das Ich ist hier insofern präsent, als es die eigene Abwesenheit mittels der Erinnerung an das Vergangene zu vergegenwärtigen weiß. Zugleich aber ist dieses Auf-und-ab-Gehen eine Poesie der Bestandsaufnahme, in der die Aufspaltung des Raums in Innen und Außen eine zentrale Rolle spielt.

Wenn ein Verstorbener aufgebahrt über die Schwelle seines Hauses hinausgetragen wird, bleiben die Träger kurz stehen und verneigen sich mit der Trage dreimal, um Abschied vom Heim zu nehmen. Dieses Ritual der wortlosen Überschreitung der Schwelle markiert den Übergang von einer Welt in eine andere, für die es keine Worte gibt, die man höchstens mit der Sprache und den Sprachbildern, die im Haus zurückgelassen wurden und die der Vergangenheit angehören, andeuten kann. Eine Evokation wie die des wehenden Windes im Mantel, der mit der Präsenz der Abwesenheit gefüllt ist, bildet eine solche Poetik der Schwelle, den Übergang vom Zerbrechlichen und Flüchtigen zum Unsagbaren, zum offenen, klaren und doch geheimnisvollen Reich jenseits der Sprache. Geheimnisvoll, obwohl – oder gerade weil – es um Klarheit bis zu jener Grenze geht, hinter der die Sprache aufhört und die Dunkelheit beginnt.

Sommer ist:
wenn das Zimmer bei halbgeschlossenen

Jalousien vor sich hin dämmert,
wenn eine einsame Fliege brummend
das Freie sucht und nicht findet,
wenn draußen Zikaden zirpen
bei brütender Hitze, während über
die Fliesen Lichthasen huschen,
zitternd weiße Geschöpfe,
und Vasen, Töpfe, Krüge als
Stillleben gänzlich ruhen.

Das Stillleben, das Memento mori schlechthin, kann nur im ruhenden Licht zum Stillstand kommen. Ohne Lichtbewegung wird zugleich eine andere Zeit-Raum-Realität entworfen, eine, in der die Relativität keinen Platz hat. Präzis inszeniert die Bildarchitektin Ilma Rakusa gelebte und gefundene Konstellationen, erzählt vom Ablauf der Zeit, spinnt Jahreszeiten- und Landschaftsbilder weiter ins Private, Politische, Existenzielle, horcht dem Gedichtrhythmus nach:

Langsam nimmt der Schritt
den Weg,
versteht: wo Weiß ist, kreuzen Hase
und Reh. Also halt dich
ans Tier.

Und:

… Helle
Decke und Fracht bist du
und das Schweigen der
Nacht unter Wieseln.

Ein kleines Bestiarium wird ins Buch eingeführt, nicht nur als Projektionsfläche und klassisches poetisches Metaphernfeld, sondern als eine Annäherungszone, in der ein dem Menschen abhanden gekommenes Zusammenfallen von Welt und Sprache möglich erscheint.
Könnte, sollte man diese Annäherung an die Tierwelt mit den Höhlenmalereien von Chauvet, Altamira und El Castillo in Verbindung bringen? Mit den ersten, anonymen Tierdarstellungen, die uns über die anthropologische Beschaffenheit des Homo sapiens, des Homo artisticus und des Homo ludens erzählen und über eine Zeit, als »zoe« und »bios« noch eins schienen? Diese Verbindung ist nicht offensichtlich, aber ich kann nicht umhin, die Annäherung von Ich und Tier im Schneegelände als einen Reflex auf den Ursprung menschlichen Ausdrucks zu deuten, vor dessen Hintergrund auch aktuelle Fragen in ganz anderem Licht erscheinen. Wenn in bestimmten Gedichten auf engstem Raum Privates und der Syrienkrieg, Marine Le Pen, Flüchtlinge und Krisen zur Sprache kommen, lässt sich darin eine Zusammenschau der menschlichen (Un) Zivilisation erkennen.
Was aber hat es mit dem Zyklus »Zeiten« auf sich? Viele Gedichte tragen Titel wie »Sonntag, siebzehn Uhr dreißig«, »Donnerstag, achtzehn Uhr« oder »Dienstag, elf Uhr dreißig«. Ist Zeit zugleich ein Immer und Jetzt? In einem der erschütterndsten Gedichte des Bandes, wo das Pendel mit ganzer Wucht vom Alltäglichen zum Universalen ausschlägt und zurück, heißt es:

wir werden umgepflügt
geteilt vereint wieder geteilt
gespalten
die Gezeiten übersetzen wir

in eine blinde Sprache
und buchstabieren Zukunft
aus Zeitnarben
perniciously
aber liegt sie nicht im Ungeschriebenen
algorithmisch immun?

Der Sprachprozess schließt sowohl den Bereich der Medizin (immunitas) als auch das Feld des Übersetzens ein, die Sprache vor der Sprache, die ungeformt, vergangenheitslos, als algorithmisch immun empfunden wird. Der Sprech- und Schreibakt holt die Sprache aus der Immunität heraus, macht sie angreifbar und schmerzempfindlich. Während das Ich zerteilt und umgepflügt wird, buchstabiert sich die Sprache. Und schon hört man ihr immanentes Nachhallen im Verb »gellen«, als Vogelruf und Zeitnarbenparlando, das wie eine Liebkosung klingt:

draußen verstreutes Licht
ohne Stundenmaß
Winterjasmin und
ein Zeisig mit seiner
Morgenbotschaft
sie gilt
kleine Kosung
gellt
wir sind nicht ausgestorben

Die Zeit entrechtet, nimmt das Recht, worauf? Zu hoffen, zu urteilen, zu schlagen, wie im Gedicht »Mutter«? Jetzt geht es nicht mehr um das Aufbrechen des Augenblicks in Gegensätze, sondern um das Halten, Bewahren und Verbleiben oder um das »zurück zum Ende gehen«. Kommen wir vom Ende her? Vom Tod? Entspringt die Geburt im Tod, und ist das Leben, das Ableben, eine permanente Rückkehr zum Anfang? Man steigt nicht zweimal in denselben Fluss, nein, man hat den Quell gar nie verlassen. Und der Fluss steht still. Das Leben ist eins mit dem Vergangenen:

wieviel Zeit reist in mir
ohne sich zu wiederholen

Mit der schon erwähnten Ethik des Schreibens meine ich eine Verbundenheit mit dem Wortklang, eine auf das Musikalische gegründete Ethik. Viele Gedichte in diesem Band führen das Ineinsfallen von Bild, Rhythmus und Klang auf engstem Raum vor. Von Klangmalerei zu sprechen, wäre aber fehl am Platz. Klangmalerei versucht, eine poetische Idee mit Wortklängen auszustaffieren, die Idee ist schon da und die Klangsuche hat etwas von Verzierung an sich. Hier aber geht es um eine innere Ethik des Echos, eine Ethik, die das Gedicht durch genaues Hinhören und durch die Gestaltung des Klangkörpers entstehen lässt. Das Lautbild und das gesehene Bild müssen auch auf dem Papier bzw. Bildschirm ineinsfallen, sie waren eins, und dieses Einssein soll wiederhergestellt werden. Darin besteht die Arbeit der Dichterin, wobei es auf den Neigungswinkel des Ohrs (und damit des Seins) ankommt, auf ein inneres und zugleich äußeres Lauschen, das mit einer besonderen Aufmerksamkeit zu tun hat. Diese Aufmerksamkeit schließt immer auch den Zufall, die Überraschung, das Wunder, den Abgrund, die Liebe, das Vergehende und Vergangene ein, ja sie geht geradezu vom abgründig Existenziellen aus.
Es gibt eine Lücke, durch die das Abgründige auf Hoffnung zu

treffen vermag, einen Spalt, durch den die Sprache als Person, als scheinbar autonome Struktur, als Landschaft oder Selbstzitat hinaustreten kann, aber ohne Dauer:

Stille aus sechs Buchstaben
der siebte wäre vielleicht
die Antwort
aber nein

Oder:

der Akkusativ hat sich davongemacht
also ich liebe dir oder ich liebe dir nicht

Diesen Gedanken weiter zu verfolgen, würde in hermetisches Gelände, in eine abgeriegelte und selbstgefällige Sprachzone führen. Ilma Rakusa verzichtet darauf. Ihre Gedichte berichten, erzählen, liefern Momentaufnahmen, begeben sich auf Reisen, um am Ende, das kein Ende ist, vom Leser aufgenommen zu werden. Das Licht, die Hand, das Auge, der Schnee, der Pinsel, die Welt.

… Sie bewacht mich
namenlos. Eine junge Japanerin
aus Kobe. Über dem Kopfende
meines Betts. Wenn nur die Erde
nicht bebt. Denn das Bild ist
schwer. Es könnte mich spielend
erschlagen. O ewiger Schlaf.

Das Gedicht spielt mit Ernst und Ironie und öffnet Echoräume. In »O ewiger Schlaf« hallen Jahrhunderte wider, wobei das Pathos des Ausdrucks durch den Kontext ironisch gebrochen wird. Denn während die namenlose schlafende Japanerin zum Schlafen und Träumen einlädt, stellt das materielle Bild potenzielle Gefahr dar. So gerät das Gedicht zur Gegenbeschwörung, zu einer Art Zauberschild und Magierkasten.
Was bleibt nach den sieben Zyklen und sieben Wünschen? Die Sprache des Gedichts, das keinen Anfang und kein Ende kennt und das dem Leser auf seinen Reisen durch Zeiten und Räume, Wünsche und Träume auch ein wunderbarer Schutzmantel war: gegen jedwede Angst.

Bemerkungen der Autorin

Einige Gedichte sind bereits in Zeitschriften wie «manuskripte», »Das Gedicht« oder »Literatur und Kritik« sowie in Ausstellungskatalogen erschienen.

In »Praha, Agneskloster« beziehen sich die Worte und Sätze in Versalien auf Installationen der südkoreanischen Künstlerin Jae Eun Choi, die im August 2014 im Agneskloster zu sehen waren.
Die kursivierten Stellen in »Der Spiegel« sind Verszeilen von Arsenij Tarkowskij, dem Vater des Filmemachers. Sie entstammen dem Band *Auf der anderen Seite des Spiegels*, Berlin: Volk und Welt 1990.
Bei den kursivierten Stellen in »Doppelbelichtung« handelt es sich um Zitate aus Péter Nádas' Roman *Parallelgeschichten*, Reinbek: Rowohlt 2012.

Mein Dank gilt der Robert Bosch Stiftung für die Gewährung eines Arbeitsstipendiums.

INHALT

MELANCHOLIEN

ORTE

ZEITEN

4. Auflage 2019

Umschlag: & Co, www.und-co.at
Satz: AD
Druck: Theiss

ISBN: 978-3-85420-949-2

Literaturverlag Droschl Stenggstraße 33 A-8043 Graz
www.droschl.com